LE RÉVÉREND PÈRE

LOUIS MILLERIOT

DE LA COMPAGNIE DE JÉSUS

PARIS. — E. DE SOYE ET FILS, IMPRIMEURS, 5, PLACE DU PANTHÉON.

LE R P LOUIS MILLERIOT S J

LE RÉVÉREND PÈRE
LOUIS MILLERIOT

DE LA COMPAGNIE DE JÉSUS

PAR

LE P. CHARLES CLAIR

DE LA MÊME COMPAGNIE

SOCIÉTÉ GÉNÉRALE DE LIBRAIRIE CATHOLIQUE

PARIS	**BRUXELLES**
VICTOR PALMÉ, DIRECTEUR GÉNÉRAL	J. ALBANEL, DIRECT. DE LA SUCCURS.
76, rue des Saints-Pères, 76.	12, rue des Paroissiens, 12

GENÈVE
HENRI TREMBLEY, LIBRAIRE-ÉDITEUR
4, rue Corraterie, 4

1881

Le 30 juin 1880, tandis qu'on procédait violemment à l'exécution des injustes décrets de mars, et qu'on expulsait l'un après l'autre les Pères Jésuites de leur résidence, rue de Sèvres, un vieillard de quatre-vingts ans, encore droit et vigoureux, sortit vers sept heures du matin de sa cellule, parvint au seuil de la maison, et dit aux sergents de ville étonnés et à la foule émue : « Place ! je suis d'une demi-heure en retard, je vais à Saint-Sulpice. »

C'était le P. Louis Milleriot, qui, ce jour-là, se rendait, comme à l'ordinaire, à ce confessionnal où, depuis près de quarante ans, il instruisait les ignorants et convertissait les pécheurs.

Le disciple se montrait digne du Maître ; il pouvait opposer à ses ennemis le même éloquent témoignage de sa mission bienfaisante : *Pauperes evangelizantur.* Il n'en fut pas moins proscrit. Lui et ses compagnons d'apostolat furent jetés à la rue, traités en malfaiteurs, tandis que le Dieu vivant dans l'Eucharistie était fait prisonnier comme au jardin, et mis sous les scellés comme au tombeau.

Le lendemain, du fond de son confessionnal placé près de l'entrée principale de l'église, le P. Milleriot entendit le bruit d'une grande foule, qui envahissait le lieu saint. Des milliers d'hommes, quelques-uns du plus haut rang, venaient faire amende honorable au Très Saint Sacrement. Ce fut un véritable triomphe. Ainsi qu'il arrive toujours, l'*Alleluia* succédait au *Crucifigatur.*

Six mois plus tard, une multitude non moins nombreuse suivait la même route, escortant le corbillard du pauvre et un cercueil qui, pour tout ornement, était paré de l'étole du prêtre. Après le triomphe du Dieu outragé, venait celui de son serviteur persécuté. L'apôtre des ouvriers, l'ami des pauvres, le religieux dévoué à toutes les misères physiques et morales, recevait un solennel hommage à l'endroit même où il avait fait le bien et souffert l'injustice.

Certes, ce n'est pas lui qu'il faut plaindre, mais ceux qui, par lâcheté ou par haine, ont troublé les derniers jours de sa vie et hâté sa mort.

Il leur a tout pardonné ; que Dieu leur pardonne ! Aussi bien leur folie est plus grande encore que leur malice, le cœur éprouve pour eux plus de pitié que d'indignation.

Peut-être, comme les Juifs, savaient-ils à peine ce qu'ils faisaient... Quelques-uns commencent à ouvrir les yeux, à s'accuser tout bas, à s'excuser en public. Ils rejettent déjà la faute les uns sur les autres. Nous les prions, pour s'éclairer tout à fait de lire ces pages ; ils y apprendront à connaître ceux qu'ils ont calomniés, à respecter ceux qu'ils ont outragés dans leur réputation, leurs droits et leur liberté.

Toutefois, c'est surtout aux nombreux amis du R. P. Milleriot que nous offrons humblement ce livre, heureux si sa lecture peut tempérer leurs regrets, en mettant sous leurs yeux une image assez fidèle de cet homme éminemment bon.

Avant de mourir, il a manifesté le désir, bien désintéressé de toute vue personnelle, que les trésors de sa vieille expérience et les souvenirs de sa longue vie ne fussent pas perdus. Nous accomplissons cette volonté dernière, afin de l'aider, — c'était le vœu de ce cœur apostolique, — à procurer, même après la mort, le bien des âmes et la gloire de Dieu.

Ch. Clair, S. J.

LE RÉVÉREND PÈRE
LOUIS MILLERIOT

DE LA COMPAGNIE DE JÉSUS

I

**Premières années. — La famille.
Le collège Stanislas.**

Louis-Étienne Milleriot naquit à Auxerre, le 11 janvier 1800.

Après l'effroyable tourmente qui, durant dix années, avait accumulé tant de ruines, la France semblait reprendre vie. Les églises, profanées si longtemps, se rouvraient de toutes parts; les prêtres, échappés à la mort ou revenus de l'exil, se voyaient accueillis avec empressement par un peuple resté chrétien, pour ainsi dire, en dépit de lui-même. L'antique cité d'Auxerre, en particulier, ne tarda pas à relever les autels, grâce au zèle d'un clergé fidèle aux traditions de ses premiers évêques, saint Vigile et saint Germain. Durant la Révolution, malgré le voisinage de Sens, où le triste exemple d'un Loménie de Brienne multipliait les défections, tous les curés d'Auxerre avaient protesté contre la Constitution civile, par une lettre collective du 13 janvier 1791. La persécution passée, ils reprenaient leur œuvre interrompue, secondée par une population que de récents malheurs rapprochaient de Dieu.

Les parents du jeune Louis étaient d'excellents chrétiens. Ainsi que Dieu le permet souvent pour éprouver ceux qui l'aiment, ils avaient été frappés par de cruels revers de fortune, et ce fut à une rude école que grandit cet enfant prédestiné à porter le nom de Jésus et à souffrir pour lui (1).

(1) *Vas electionis est mihi iste, ut portet Nomen meum... Ego enim ostendam illi quanta oporteat eum pro Nomine meo pati.* (Act. apost., ix, 15, 16.)

Louis Milleriot eut pour les siens, durant la vie entière, une tendresse d'autant plus vive que, dès ses premières années, il avait partagé leurs peines; son cœur généreux leur témoigna jusqu'au bout une touchante et efficace sollicitude. C'était, d'ailleurs, une dette qu'il acquittait, en retour de la mâle éducation qu'il avait reçue.

Son père avait commencé de bonne heure à le reprendre de ses moindres fautes, suivant la vieille maxime un peu trop oubliée de nos jours : *Qui aime bien, châtie bien.* Vieillard, il se plaisait à nous raconter qu'il avait subi, à l'âge de trois ans, une correction sévère pour avoir répété, sans le comprendre, un blasphème qui, par hasard, dans la rue, avait frappé son oreille. « Mon père avait tout entendu de sa fenêtre. Aussitôt il frappe au carreau : *Que dites-vous là, monsieur? venez ici!* — Je me crus mort. Mon père me fit bien sentir que je ne l'étais pas... »

Lorsque vint pour l'enfant l'époque bénie de la première communion, Dieu se servit de la douce influence d'une mère chrétienne, afin d'ouvrir cette âme pure aux inspirations de sa grâce. Voici, dans toute sa simplicité, le récit qu'il nous a laissé de ce grave événement, qui devait décider de toute sa vie.

« Je me préparai de mon mieux à cette grande action. Trois mois d'avance je lus un livre qui, s'il me fit du mal, me fit aussi beaucoup de bien, parce qu'il trempa mon âme pour plusieurs années. C'était *l'Instruction sur la pénitence*, dédiée à la duchesse de Longueville, ouvrage rempli de maximes jansénistes, comme chacun sait. Un jour, ma mère me trouva tout en larmes avec ce livre à la main.

« — Qu'as-tu donc? me demanda-t-elle.

« Je lui montre quelques passages effrayants sur le malheur de profaner la sainte Eucharistie, et j'ajoute :

« — J'ai peur de mal faire ma première communion.

« — Mon ami, me répondit-elle avec son bon sens ordinaire, *on ne peut pas mal communier quand on veut le bien faire.*

« Je fus consolé par ces paroles; néanmoins il me restait un fond de crainte dont je ne pouvais me défaire, de telle sorte que je me sentais prêt à tous les sacrifices pour éviter ce malheur. » L'amour et la confiance ne tardèrent pas à l'emporter sur la crainte qui, lorsqu'elle devient excessive, n'est plus le commencement de la sagesse. L'enfant, comme Samuel, entendit dès lors la voix de Dieu qui l'appelait, et simplement, joyeusement, ainsi qu'il devait toujours faire, il répondit : *Seigneur, me voici!*

« Ma vocation au sacerdoce, — c'est lui qui parle encore, — date de ce beau jour. Avant de se marier, ma mère avait voulu se faire religieuse, et comme pour se dédommager en quelque manière de n'avoir pas donné suite à ce dessein, elle me dit, la veille de ma première communion :

— « Mon ami, j'ai toujours entendu dire
« qu'à l'occasion de cette belle fête, il est
« bon de demander à Dieu de connaître sa
« vocation. N'oublie pas de le faire demain
« matin. »

« Je le fis ; le soir venu :

« — Eh bien, Louis, as-tu pensé à ce que je t'ai dit?

« — Oui, maman.

« — Eh bien, que veux-tu être?

« — Maman je veux être prêtre. »

« On comprend la joie de ma mère (1). »

C'était bien une inspiration divine ; la résolution fut irrévocable et jamais le moindre doute ne vint l'ébranler.

La Révolution, en même temps qu'elle profanait les églises, avait fermé les écoles. Pour l'enseignement comme pour le reste, elle avait détruit tout ce qui existait, impuissante à rien refaire. Louis Milleriot ne trouva donc aucune des ressources que l'Eglise autrefois avait si libéralement prodiguées à la jeunesse. Mais Dieu pourvut à son éducation d'une autre manière. Amené à Paris par

---

(1) Nous prévenons le lecteur, une fois pour toutes, que les citations nombreuses que nous allons faire sont extraites d'un manuscrit du P. Milleriot, intitulé : *Souvenirs d'un vieux*.

ses parents qui dès lors y séjournèrent, Louis, à l'âge de treize ans, fut accueilli par un excellent prêtre, M. l'abbé Garnier, premier vicaire de Sainte-Valère, qui lui donna des leçons de latin. L'enfant montrait une ardeur incroyable pour apprendre, travaillant du matin au soir, sans jamais prendre aucune récréation. Au bout d'une année, il avait traduit les principaux auteurs, la plume à la main; il écrivait et parlait le latin avec une assez grande facilité.

Toutefois ce n'était là qu'un heureux début. Ses parents, résolus à tous les sacrifices pour correspondre aux desseins de la Providence sur leur cher enfant, l'envoyèrent terminer ses études à l'institution de M. Liautard, collège déjà florissant et destiné à devenir célèbre sous le nom de Stanislas.

Fondé, en 1804, par un prêtre d'un noble caractère et d'un grand talent, M. Liautard, le collège auquel Louis XVIII devait donner plus tard un de ses noms, s'appelait modestement alors la maison d'éducation de Notre-Dame des Champs, à cause de la rue où il est situé. Il avait commencé avec cinq ou six élèves; en peu d'années il s'était développé au point de former trois grandes divisions distinctes : le petit collège, destiné aux plus jeunes enfants; le collège proprement dit et le séminaire de Notre-Dame des Champs, d'où sortirent plusieurs centaines de prêtres et des évêques tels que NN. SS. d'Héricourt, de Marguerie, Angebault, de la Tour d'Auvergne, Dupuch, parmi les morts; et parmi les vivants, NN. SS. de Dreux-Brézé, de Briey, etc. (1).

Ce que fut Louis Milleriot dans cette maison chrétienne, nous pouvons le conjecturer aisément, en songeant à sa vocation sacerdotale fidèlement poursuivie, à l'inaltérable affection qu'il garda pour son collège et à la confiance de ses anciens maîtres qui l'y rappelèrent bientôt pour le charger de difficiles et importantes fonctions.

(1) *Le Collège Stanislas, notice historique.* Paris, 1881.

II

**L'abbé Milleriot professeur et préfet
de discipline.**

Quand Louis Milleriot eut achevé ses études, M. Liautard l'envoya, en qualité de professeur à M. Rollin, supérieur du petit séminaire de Châlons-sur-Marne. Le directeur de Stanislas, pour faire d'un mot l'éloge de son jeune protégé, écrivait : « *C'est un homme qui n'a jamais menti.* »

L'abbé Milleriot, après un séjour de deux ou trois ans à Châlons, fut appelé à remplir le même poste au petit séminaire de Reims. Plein d'une foi vive, habitué à méditer les grandes vérités de la fin dernière qu'il devait prêcher plus tard avec tant d'énergie, il fut alors favorisé d'une grâce qui n'est pas sans analogie avec celle que, dans la même ville, reçut autrefois saint Bruno.

« Je venais de me mettre au lit. Après quelques instants, je me sens frappé, saisi de cette pensée à jamais solennelle, l'âme paraissant devant Dieu. Bientôt une profonde terreur s'empare de moi ; je tremble de tous mes membres. Craignant de mourir, je me lève, je vais me jeter aux pieds de mon confesseur et je lui découvre l'état où je suis. Bien que je ne me sentisse coupable d'aucune faute grave, je me confesse ; on m'absout, on me rassure. Cela fait, je reviens me coucher et ne tarde pas à m'endormir d'un sommeil tranquille. »

Et l'humble prêtre ajoute : « Qu'ai-je encore fait de cette grâce ? Pourquoi ai-je fermé les yeux à cette vive lumière ? Dieu voulait faire de moi un saint. S'il ne l'a pas pu, c'est que je ne l'ai pas voulu. Quand je paraîtrai devant lui pour être jugé, qu'aurai-je à répondre ? Hélas ! je serai comme ce méchant serviteur de l'Evangile, qui n'eut qu'à se taire : *At ille obmutuit.* »

En quittant le petit séminaire de Reims, l'abbé Milleriot revint à Paris, dans son cher collège Stanislas, où il devait exercer durant quinze ans les charges de directeur et de préfet de discipline. Bon et sévère tout ensemble, il a pu se rendre plus tard le témoignage d'avoir uni toujours à la justice la charité. S'il était inflexible pour les fautes graves, il savait pardonner aux enfants leur légèreté et leur espièglerie.

En 1828, le vénérable M. Augé chargea l'abbé Milleriot de la direction du petit collège, composé des basses classes. Plusieurs de ses anciens élèves ont bien voulu réveiller des souvenirs lointains, et voici ce qu'ils nous racontent de celui qu'ils appelaient alors, avec un sentiment de crainte filiale, *Monsieur Milleriot*, et que M. Liautard avait surnommé *l'homme de fer*. M. Milleriot était aimé autant que redouté. Dès cette époque, il était déjà l'homme de la règle, et il commençait par se l'appliquer rigoureusement à lui-même, afin d'être plus en droit d'en exiger des autres une fidèle observation.

Aussi bien, c'était la pente de sa nature, essentiellement méthodique et ordonnée.

Le premier levé et le dernier couché, en dehors des classes et des études il présidait à tous les exercices et principalement aux divers *mouvements* qui précèdent et suivent les récréations, moments critiques où le calme et le silence ont toujours quelque peine à se faire et où il savait sa présence plus utile. Un mot, et le plus souvent un regard, suffisait pour rétablir l'ordre, quand il tardait à se faire, tant son autorité était irrésistible.

On put en mesurer toute l'étendue un certain soir d'hiver, à la rentrée d'une longue promenade sous la conduite d'un maître antipathique aux élèves, qui lui prêtaient des goûts et des procédés de tyran, peut-être parce qu'il portait le nom de Denys. Mille misères lui avaient été faites durant la promenade, mais elles n'étaient que le prélude d'une révolte en règle, complotée par les grands, et qui devait éclater en rentrant, au moment où on arborerait un drapeau aux trois couleurs, formé de mouchoirs et de foulards fournis par des élèves. A peine dans la cour, et au signal convenu, la manifestation commence par des cris; la cloche sonne pour la rentrée en classe, les cris redoublent et on ne lui obéit pas; on entoure, on menace le malheureux maître d'étude, qui ne sait plus où donner de la tête et cherche en vain à reconnaître les meneurs dans l'obscurité, la nuit étant déjà venue; pour la première fois peut-être, M. Milleriot n'était pas là; l'émeute avait donc le champ libre et semblait triomphante, quand tout à coup, la porte de la cour s'ouvre, une grande ombre apparaît et une voix, qui parut à tous le grondement du tonnerre, fit entendre ces simples paroles : « Qu'est-ce que cela? Allons, vite, en rang et en silence. » Elles suffirent à apaiser cette tempête d'écoliers; chacun courut à son rang, le drapeau de la révolte fut abandonné sur le champ de bataille, et le lendemain ce fut à qui ne reconnaîtrait pas le mouchoir ou le foulard qui lui appartenait et avait servi d'étendard à la révolte avortée.

L'autorité de M. Milleriot était donc absolue, et nul n'eût osé, non pas lui résister, mais tenter seulement de la discuter; elle reposait moins toutefois sur une sévérité excessive que sur certaines habitudes de discipline auxquelles il avait su former les élèves, en s'efforçant de leur inculquer son respect pour l'inviolabilité de la règle. On lui reprocha bien quelquefois de sacrifier les sentiments du cœur à cet amour de la règle, et de tomber même dans un formalisme austère qui excluait toute confiance et toute ouverture entre lui et les élèves; le reproche était exagéré. S'il n'avait avec eux rien d'abandonné ni de tendre, il n'en était pas moins rempli envers ces chers enfants de la plus véritable bonté; et cette bonté se manifesta plus d'une fois sous des formes touchantes, comme dans la circonstance suivante.

Une faute grave avait été commise et allait nécessiter le renvoi d'un élève. Le coupable, soit légèreté, soit perversion, avait déclaré n'avoir agi qu'à la sollicitation et sous la pression d'un camarade que M. Milleriot avait toute raison de croire innocent; il fait appeler ce dernier, un soir, dans sa chambre. L'élève s'y rend fort ému de cet appel insolite; il trouve le directeur avec un visage sévère, qui de suite se pose en juge et l'interroge froidement. L'élève répond, mais, naturellement timide, il se trouble à la pensée du soupçon qui pèse sur lui, et ses réponses manquent de cette assurance et de cette netteté qui portent avec elles la conviction. C'est alors que M. Milleriot, pressé tout à la fois par le besoin de savoir la vérité afin de demeurer dans la justice, et d'établir l'innocence de l'enfant qui l'intéressait, s'abandonna à l'inspiration de son cœur et prit la voie qui pouvait seule le conduire à la certitude; entourant le pauvre enfant de ses bras et le pressant sur sa poitrine, il lui parle de sa mère qu'il venait de perdre, de son père qui n'avait plus que lui pour consolation, et avec des accents si émus et si pénétrants, que l'âme de l'enfant se fondit dans la sienne, et sa justification ne fut plus difficile. Devenu homme, il dit avoir gardé une ineffaçable impression de cette scène de délicate et tendre bonté, qui révélait chez ce maître un peu redouté une sensibilité d'âme qu'on n'était pas toujours disposé à reconnaître.

Ce fut vers ce temps et quand il dirigeait encore le petit collège, que l'abbé Milleriot eut à s'occuper particulièrement d'un jeune homme dont il raconte en ces termes l'édifiante histoire.

« L'abbé Augé, saint homme s'il en fût (1), m'envoya parmi mes petits élèves, pour faire son éducation, un garçon de vingt-quatre ans, ancien cordonnier, ancien trappiste, que le Père abbé, dom Couturier, jugeait appelé à l'état ecclésiastique. Il ne se trompait pas, comme on va le voir, mais l'abord

---

(1) M. Augé, docteur de Sorbonne, ancien vicaire général et ancien supérieur du petit séminaire de Boulogne, avait été élève du collège Louis-le-Grand, après la suppression de la Compagnie de Jésus, et avait eu pour condisciple Maximilien Robespierre.

du pauvre homme n'était pas en sa faveur : laide figure, manières rustiques, langage à l'avenant; par la force des choses, tout à la charge du collège. Je l'avoue, le premier mouvement fut chez moi un vif mécontentement. Néanmoins, je ne fus pas cette fois si bourru qu'à l'ordinaire. Surmontant, par la grâce de Dieu, la répugnance que j'éprouvais, je me calmai et je témoignai quelque bonté à ce pauvre hère. Je voulus même, le lendemain, le prendre avec moi pendant que je conduisais en promenade mes jeunes élèves. Alors je lui fis raconter son histoire.

« Bientôt je découvris des trésors dans son âme. La moindre de ces vertus était une innocence parfaite, une pureté angélique. Avec cela un amour, un zèle des âmes, un esprit de pénitence admirable.

« Dès lors je fus subjugué; je me chargeai à moi seul de son instruction, je lui appris le latin tant bien que mal; je me fis son défenseur à l'égard de mes collègues qui, ne le connaissant pas, le jugeaient selon les apparences, comme un *minus habens*, incapable de parvenir au sacerdoce. Et vraiment, en cela, mes amis étaient fort excusables.

« Je n'en persévérai pas moins dans mon entreprise, et je le fis entrer au grand séminaire, où il étudia la philosophie comme il put et apprit la théologie d'une manière telle quelle. Devenu prêtre, il fut placé successivement dans trois paroisses, pauvres paroisses d'un pauvre diocèse. Là, son zèle se développa tout entier; il décuplait les pâques, il faisait faire la première communion à des jeunes gens de dix-huit à vingt-cinq ans et gagnait à Dieu les vieux retardataires qu'il convertissait au moins à la mort. Lorsque les curés voisins lui demandaient comment il s'y prenait pour opérer ces espèces de miracles, il se contentait de répondre : *Je fais comme je peux.*

« En réalité, il faisait beaucoup. Longues oraisons, nuits entières passées en prières à offrir ses austérités pour la conversion de ses chers paroissiens. Il se donnait la discipline et portait un terrible cilice.

« — Comment pouvez-vous, lui disais-je, supporter de pareilles douleurs ?

« — Oh ! me répondait-il, si vous saviez comme c'est doux ! Et puis je dis au bon Sauveur : Mon Jésus, c'est pour convertir les pécheurs.

« Plus tard, l'abbé Papin, — c'était son nom, — vînt à Paris, où il vécut avec sa vieille mère au moyen de ses honoraires de messes et de quelques ressources, jusqu'à ce que, se sentant appelé à se dévouer au salut des soldats de Crimée, il partit, comme aumônier auxiliaire, et ne tarda pas à mourir du choléra. »

Le nom de cet obscur héros devait trouver ici place, auprès de celui du P. Milleriot, le maître et l'ami de cet autre curé d'Ars.

Le collège Stanislas ressentit le contre-coup du choléra qui désola Paris, en 1832. La classe de philosophie, par suite de la maladie régnante, ne conserva même que deux élèves qui, il est vrai, soutinrent vaillamment l'honneur de tous, en obtenant trois mentions au concours général. C'est à cette époque douloureuse que se rapporte un trait raconté souvent depuis par le P. Milleriot.

« Sur la place de Grève, disait-il, pendant le grand choléra, le peuple, égaré par des rumeurs, criaient : *A mort les empoisonneurs!* Déjà, sous mes yeux, une victime venait d'être faite. Un moment après, deux hommes échangent quelques coups de poing. L'un d'eux se sauve. On crie : *A l'empoisonneur!* Ce fut son arrêt de mort. Des furieux se jettent sur lui ; il est couvert de sang, foulé aux pieds ; on l'entraîne pour le jeter à la Seine ; les uns crient : *Vengeance* d'autres : *Justice!* Je vois encore ce malheureux, les yeux crevés, la bouche béante, affreusement défiguré. Une minute après, on le précipitait du haut du pont d'Arcole. J'étais déguisé ; je m'approche et je lui donne l'absolution. »

Dans ces moments de péril, Louis Milleriot montrait déjà ce caractère calme, énergique, vaillant, dont il fera preuve plus tard aux tristes jours de la Commune.

Vers l'année 1834, M. Milleriot fut appelé au grand collège pour y exercer les difficiles fonctions de préfet de discipline. Ce titre, sans lui créer précisément des devoirs nouveaux, sembla le rendre encore plus rigoureux à l'application de la règle. En face des aînés de la maison, il se sentait sur un terrain moins facile et plus résistant; les volontés étaient moins souples, les caractères moins uniformes, les côtés bons ou mauvais de l'homme commençaient à s'accuser, et il fallait, pour les façonner, encore plus de soin et de sollicitude. La vigilance du nouveau préfet grandit encore devant ces exigences, et son intelligente activité n'eut plus de repos (1). De jour et de nuit, on eût dit qu'il était partout à la fois et qu'il possédait le don d'ubiquité, tant il semblait impossible d'échapper à cette surveillance qu'il exerçait

---

(1) Un historien célèbre, membre de l'Académie française, ancien élève de Stanislas, nous disait naguère que, pour caractériser d'un mot expressif cette activité incessante de l'abbé Milleriot, ses élèves lui donnaient tout bas entre eux le surnom de *fourmi*.

d'ailleurs avec des procédés à lui. Ainsi que de fois ne le voyait-on pas, pendant la longue étude du soir, arriver à l'improviste juste à l'heure où il savait que la fatigue engourdissait maîtres et élèves, et amenait d'inévitables relâchements dans la discipline. Ouvrant la porte brusquement, il apparaissait tout à coup et, sans dire une parole, promenait un rapide regard sur tous les bancs. Un élève faisait-il un mouvement, il allait droit à lui, et toujours, ou presque toujours, il le trouvait en faute, lisant un journal, un livre défendu, organisant un jeu avec le voisin, ou faisant la cuisine au fond de son pupitre sur une veilleuse.

Déjà, au petit collège, M. Milleriot se mêlait beaucoup aux jeux des élèves; il continua à le faire avec les grands. Il excellait à la balle et au cerceau, et ce dernier jeu était poussé à Stanislas à une véritable perfection. Qui ne se rappelle, parmi ses anciens élèves, l'avoir vu, dans une partie de barres au cerceau, rester seul de son camp, ayant à ses trousses tout le camp opposé qu'il déroutait, dépistait et mettait sans cesse en défaut par de savantes évolutions dans lesquelles il déployait une étonnante agilité et tirait un merveilleux parti de sa soutane dont il faisait un rempart à son cerceau! Mais un coup était-il douteux, il ne cédait pas volontiers; les méchantes langues prétendaient même qu'il n'aimait pas perdre. — Parfois aussi un tournoi à la balle s'engageait entre lui et un professeur d'histoire qui eut une certaine célébrité, *Théodose Burette;* c'était fête ce jour-là dans la cour; des deux côtés du jeu les élèves faisaient galerie, jugeant et applaudissant les coups.

L'abbé Milleriot, nous écrit l'un de ses anciens élèves, préludait ainsi à son entrée dans la Compagnie de Jésus, dont les maisons d'éducation présentent aussi ce touchant spectacle des maîtres partageant les jeux des enfants; il y préludait peut-être également dans le choix des livres où il puisait les lectures spirituelles qu'il faisait aux rhétoriciens; presque toujours c'était Bourdaloue qu'il lisait et commentait avec une élévation de vues, une abondance d'idées et une sagesse pratique qui pouvaient faire pressentir ce qu'il serait un jour dans la direction spirituelle de la chaire. Cependant à cette époque il ne prêchait jamais, il se contentait d'expliquer le catéchisme ou l'évangile sobrement et même un peu froidement, et quand on lui disait : « Mais, monsieur Milleriot, pourquoi ne prêchez-vous pas? » Il répondait : « Je ne prêcherai qu'à quarante ans; ce n'est pas trop pour m'y préparer. » Au petit collège, pendant un long et rigoureux hiver, on put cependant juger des infinies ressources de ce solide esprit, dans un récit improvisé et de pure imagination qu'il faisait chaque jour aux élèves, à la récréation du soir qu'on leur donnait dans le réfectoire. Il racontait un voyage fantastique, où il avait entassé les incidents les plus burlesques et les plus dramatiques, et il avait si bien su intéresser et captiver son mobile auditoire, qu'il n'y avait plus pour celui-ci de vraie récréation que celle où il devait entendre son merveilleux narrateur.

L'hiver suivant, les circonstances n'étaient plus les mêmes, et l'on ne put obtenir de lui de reprendre le récit interrompu.

Mais c'est surtout dans ses habitudes de vie que l'abbé Milleriot préludait à son entrée dans la vie religieuse. Il consacrait presque toutes ses heures de liberté à la méditation et à la prière ; et, pour les passer dans un recueillement et un silence plus profonds, pendant qu'il était au petit collège, il s'était ménagé dans un grenier attenant à sa chambre un modeste oratoire ayant une ouverture dans la chapelle, par laquelle il pouvait apercevoir le saint Tabernacle.

Son temps et ses occupations étaient aussi méthodiquement distribués qu'ils le furent plus tard, lorsqu'il se plaça sous la règle de saint Ignace; dans tout ce qui regardait la vie matérielle, il était, dès cette époque, d'une austérité monastique, acceptant souvent et même recherchant toutes sortes de privations. Ainsi, au grand collège, on lui avait confié un *chambriste* (qui n'était autre que le fils du duc de Castries); or, pendant les froids rigoureux de l'hiver, il y avait du feu dans la cheminée de l'élève, tandis que celle du maître n'en avait à peu près jamais.

M. Milleriot ne resta guère plus de cinq ou six ans préfet de discipline au grand collège; son gouvernement parût-il un peu trop absolu pour cette génération plus indépendante par l'âge et par les idées? Toujours est-il qu'à la suite de quelques difficultés, le directeur du collège, M. l'abbé Augé, crut devoir lui demander de retourner au petit collège; il y rentra avec l'humble simplicité du véritable homme de Dieu, qui sait entendre sa voix dès qu'un supérieur a parlé.

III

Vocation religieuse. — Premier apostolat.

Depuis plus de vingt ans, le préfet de Stanislas aspirait à la vie religieuse. Il s'était senti appelé à la Compagnie de Jésus, dès le jour où il avait rencontré le vénérable P. Billy, qui lui avait fait le meilleur accueil. Mais le jeune prêtre avait trouvé sur sa route mille obstacles qui retardaient indéfiniment l'accomplissement de son généreux dessein. Une circonstance fortuite vint tout à coup aplanir les voies. M. Milleriot, ayant besoin de remplacer un jeune surveillant, se rendit auprès d'un Père de la Compagnie, auquel il désirait parler de cette affaire et demander conseil. « Je me levais pour prendre congé, raconte-t-il, quand tout à coup me ravisant sans y avoir préalablement pensé, sans trop savoir ni pourquoi ni comment, je m'ouvris à lui de mon désir d'entrer dans la Compagnie de Jésus, désir qui datait de vingt et un ans et que je n'avais pu réaliser jusque-là. Le Père m'écouta très attentivement, approuva mes dispositions et me promit d'en parler au Père provincial. — Mais, lui dis-je, le supérieur du collège Stanislas, que j'ai déjà entretenu de mon projet, trouve que j'ai *trop de volonté* pour être Jésuite. Quant à moi, ajoutai-je, ma volonté est de me faire broyer en entrant dans la Compagnie, qu'en pensez-vous! — J'en pense bien, me répondit-il, ce sont des hommes taillés comme vous qui nous conviennent.

« Quelques jours après, le R. P. Guidée, provincial, m'écoutait, m'interrogeait et m'inscrivait pour entrer au noviciat de Saint-Acheul, aux vacances prochaines. — Mais vous ne me connaissez point, mon Révérend Père? — Je vous admets. » Et tout fut dit.

Ce fut le 10 septembre 1841, après avoir

dit adieu au collège Stanislas, dirigé depuis un an par M. Gratry, que l'abbé Milleriot partit pour Saint-Acheul. Il nous a laissé un récit assez plaisant d'une petite épreuve qui vint tempérer un peu sa grande joie. Il avait fait son sacrifice avec la belle humeur et la *crânerie* militaire qu'il apportait à toute chose, et il entendait bien ne pas donner, au dernier moment, quelque signe de faiblesse. Le cœur, en effet, resta ferme et vaillant, mais on pouvait en douter à voir son visage. « Le lendemain matin, dit-il, sur le chemin d'Amiens à Saint-Acheul, subitement, sans cause extérieure, j'éprouve dans l'œil gauche un mal assez violent. Etait-ce un coup d'air? Etait-ce un coup de démon? Quoi qu'il en soit, j'entre et me présente piteusement au R. P. Rubillon (1), les yeux en larmes. Suivant l'usage, il m'interroge et me demande entre autres choses :

« — Avez-vous une bonne santé?

(1) Le R. P. Rubillon, alors maître des novices, puis provincial de France, est aujourd'hui assistant du T. R. P. général.

« — Magnifique !

« — Êtes-vous quelquefois malade ?

« — Tous les vingt-cinq ans.

« — Supportez-vous facilement le jeûne ?

« — Je ne déjeune jamais, mais si vous me commandez de déjeuner tous les jours, je le ferai.

« Le Père fut édifié de cette réponse, comme je l'ai su depuis. »

Cependant il fallait que la vocation surnaturelle devînt manifeste et que le choix motivé du postulant fût contrôlé par l'expérience et confirmé par le supérieur. Louis Milleriot, suivant l'usage, se mit donc en retraite et, après plusieurs jours de méditations et de prières, il écrivit ces lignes que nous reproduisons, afin qu'on puisse apprécier les généreux motifs qui le poussaient à cette vie nouvelle.

MON ÉLECTION

« Sous les yeux de mon Dieu, et sous la protection de sa sainte Mère qui est aussi la mienne, moi, Louis-Étienne Milleriot, prêtre indigne, j'ai résolu de faire mon choix et mon élection comme il suit :

« Qui prendrai-je pour mon partage si ce n'est Vous et Vous seul, ô mon Dieu ! Oui, c'est vous que je cherche, mais c'est dans la Compagnie de Jésus que je veux vous trouver.

« Mes raisons, les voici :

« 1° Je vois dans ladite Compagnie plus de moyens pour moi que partout ailleurs de travailler à mon salut et à celui des autres. Homme et chrétien, j'ai faim de Dieu; prêtre, j'ai soif de lui gagner des âmes; or, chez les Jésuites, tout me paraît concourir admirablement à ces deux buts.

2° Me sentant très particulièrement poussé à la prédication, et connaissant néanmoins les difficultés qui jusqu'ici m'ont arrêté, je crois que dans la Compagnie, plus aussi que partout ailleurs, je trouverai les ressources pour prêcher et convertir les âmes, seul but auquel j'aspire.

« 3° Depuis plus de vingt ans, je désire être Jésuite. Ce désir n'ayant jamais varié, tous mes goûts et mes habitudes me dirigeant de ce côté-là, je crois que cette vocation vient de Dieu, et je veux la suivre.

« 4° Très imparfait, d'une grande impétuosité de caractère, il me semble que la Compagnie me présente tous les secours désirables pour me corriger de mes défauts, et peut-être est-ce là seulement que je pourrai me corriger réellement.

« Voilà mes principales raisons pour demander mon admission dans la Compagnie de Jésus.

« Je cherche les raisons qui pourraient m'en détourner : je n'en vois aucune. Les peines attachées selon la nature à l'obéissance et à la pauvreté m'ont paru jusqu'ici chose désirable. Si Dieu, néanmoins, veut par la suite m'en faire éprouver les répugnances, je n'y vois qu'un moyen de sanctification de plus, et avec sa grâce je suis résolu à les accepter et à les surmonter.

« En finissant, je prie le Seigneur de bénir mes résolutions et de combler de ses grâces les dignes supérieurs qui ont bien voulu s'occuper de moi. *Amen.* »

Dieu, qui donne le lait aux enfants et le vin aux forts, priva, dès ce jour, le P. Milleriot de toutes les consolations sensibles qu'il avait goûtées jusqu'alors.

« La dévotion sensible, écrivait-il dans sa vieillesse, fut coupée comme avec un rasoir, juste quelques minutes avant mon entrée à Saint-Acheul. A partir de ce moment jusqu'à présent, je suis demeuré sec et aride. Sans doute, il y a beaucoup de ma faute; autrement, je ne m'en plaindrais pas.

« Avant mon noviciat, j'éprouvais assez souvent une certaine ardeur d'amour pour Dieu. Depuis, je me surprenais quelquefois à le regretter. Un jour, je dis au Père maître, après quelque temps de noviciat :

« — Je ne suis plus comme auparavant;

j'avais des années de dévotion ardente.

« Il me répondit une parole que je n'ai jamais oubliée : *Années de dévotion ardente, précieuses sans doute; années de sacrifices, plus précieuses mille fois!*

« J'ai bien compris depuis cette réponse, du moins en théorie. Dans la Compagnie, on apprend à se tremper dans la force et non à se répandre dans la douceur. »

Parmi ceux qui ont entendu le P. Milleriot, qui croirait, s'il ne l'avouait lui-même, que sa plus grande épreuve fut d'aborder la chaire?

« Ce qu'il m'en a coûté dans le commencement et même pendant longtemps, Dieu le sait! » Il est d'usage, au noviciat, d'exercer les jeunes gens à de petits discours plus ou moins improvisés, ou à la récitation d'une *formule* oratoire, assez difficile à rendre, à cause de la variété de sentiments, d'intonations et de gestes qu'elle suppose. Quand le P. Milleriot dût, pour la première fois, affronter cette petite épreuve, *il se crut perdu.* « Je me disais : Je resterai court, je me pâmerai, je tomberai... N'importe! on te ramassera! Monte toujours dans la chaire.

« Cet acte presque héroïque m'enleva immédiatement toute ma timidité. Le lendemain, le Père maître m'ayant dit :

« — Cela vous a donc coûté beaucoup?

« Je répondis :

« — Autant que s'il se fût agi de me couper un bras! »

Au sujet de cette appréhension si vive, le P. Milleriot racontait encore un trait naïf qu'on croirait emprunté aux *Fioretti* de saint François d'Assises. « Un jour, envoyé à la prison d'Amiens, en compagnie d'un jeune Père qui s'en allait prêcher de son côté, et qui n'était guère plus rassuré que moi, j'entendis chanter des poules et ne pus m'empêcher de dire : « Sont-elles heu-
« reuses, les poules! elles n'ont pas à prêcher? » Quelques années plus tard, qu'il eût été malheureux, le P. Milleriot, si on lui avait interdit de parler!

IV

L'apostolat des prisons.

Encore novice, le P. Milleriot commença l'œuvre qui devait remplir sa longue vie. La liberté d'enseignement n'existait pas en France; les Jésuites, pour se dévouer à l'éducation, se condamnaient à l'exil, en Suisse ou en Belgique; et quelque florissants que fussent alors les collèges de Fribourg et de Brugelette, ils ne réclamaient qu'un nombre de religieux relativement restreint. Le P. Milleriot dut peut-être à ces circonstances de ne pas reprendre, dans la Compagnie où il entrait à quarante et un ans, des fonctions analogues à celles qu'il avait jusqu'alors remplies à Châlons, à Reims et à Paris. Aussi bien ses supérieurs, attentifs à tirer de chacun le meilleur parti possible, remarquaient en lui une merveilleuse aptitude pour *évangéliser les pauvres*. Ils l'appliquèrent aussitôt à l'humble apostolat qui devait valoir au bon P. Milleriot le titre populaire de *Ravignan des ouvriers*.

Pour que rien ne lui parût difficile à l'avenir, il fut employé d'abord à l'ingrat ministère des prisons. Ce fut là, nous l'avons dit, qu'il fit ses premières armes. Pour savoir avec quels fruits, il suffit de glaner dans ses souvenirs.

« Je visitais les prisonniers dans une grande ville, accompagné d'un de nos Pères. Je vois dans la cour un prisonnier revêtu d'un habit rouge avec la chaîne rivée aux pieds. Oh! la bonne proie, dis-je à moi-même. Je l'aborde.

« — Mon ami, d'où venez-vous?

« — De Toulon.

« — A quoi êtes-vous condamné?

« — Aux galères à perpétuité.

« — Pourquoi?

« — Pour participation à un assassinat.

« — Êtes-vous marié?

« — Oui.

« — Où est votre femme?

« — En prison pour vol.

« — Avez-vous des enfants?

« — Quatre.

« Oh! il fallait entendre ces réponses saccadées! Il fallait voir ces yeux de bête féroce! Alors ému, touché, j'emploie toute ma rhétorique pour arriver à ce cœur. — Mon ami, il faut vous réconcilier avec Dieu. Il me fait une réponse désolante, intraduisible.

« Nous commençons une neuvaine pour sa conversion. Je reviens à la prison.

« — Mon ami, confessez-vous.

« — Je le veux bien.

« Et le lendemain il communiait avec vingt autres prisonniers que nous avions évangélisés. Le curé de la paroisse, qui vint pour la clôture de la retraite, disait ensuite à mon confrère et à moi :

« — Quel est donc ce galérien vêtu d'un habit rouge à qui j'ai donné la sainte communion? Quelle douceur dans les traits! Je n'ai jamais vu quelqu'un recevoir la sainte Hostie avec plus de dévotion! »

« Un de nos Pères et moi, nous donnions dans une prison les exercices d'une retraite. Une femme vient se confesser. Après sa confession, je la revêts du scapulaire et lui fais promettre de ne jamais le quitter. Quinze jours se passent. Je retourne à la prison et trouvant cette femme dans la cour :

« — Eh bien, mère, comment allons-nous?

« — Ah! mon Père, depuis que je ne vous ai pas vu, ç'a été bien mal.

« — Qu'est-il donc arrivé?

« — Ah! mon Père, depuis que je ne vous ai pas vu, je me suis pendue.

« — Pendue, ma pauvre fille! Eh! quoi, fis-je en souriant, pendue par le cou?

« — Oui, mon Père, pendue par le cou; si vous saviez comme ça fait mal!...

« — Mais contez-moi donc ça.

« — Voilà. Coupable d'un léger vol, j'étais condamnée à un mois de détention. Aussitôt confessée, je rentre parmi mes compagnes et je me vois accusée par elles d'une infamie. Moi, dis-je, capable d'une pareille chose? Vous êtes des abominables!... Puis, dans un moment de désespoir, je cours au puits de la cour pour m'y jeter. On m'arrête. N'importe, ajoutai-je, puisque vous me jugez ainsi, j'en finirai avec la vie. Épiant alors un moment favorable, je monte au grenier, et je me pends à un gros clou. Déjà j'étouffais; je tirais la langue, lorsque, pensant à mon scapulaire, j'élève mon cœur à la sainte Vierge. Tout à coup la corde casse et je tombe sur mes pieds. Vrai, mon Père, comme il y a un Dieu !

« — Eh! bien, ma fille, lui dis-je à mon tour, s'il en est ainsi, vous devez une belle chandelle à la sainte Vierge.

« Et la pauvre femme fut guérie de l'envie de se pendre. »

Dans le *Journal de ses ministères*, sorte de livre de raison, comme on disait autrefois, dans lequel le P. Milleriot nota jusqu'à la fin de sa vie l'emploi de son temps, les œuvres accomplies, les titres des sermons prêchés, etc., je lis à l'année 1841 cette simple mention : « *J'ai commencé à aller aux prisons.* » On voit qu'il n'y perdait pas son temps.

L'année suivante, nous le trouvons à Notre-Dame de Liesse, où s'achève son noviciat. A partir de cette époque jusqu'à son retour à Paris, en octobre 1843, sa vie est une course continuelle à travers les diocèses de Soissons et de Beauvais. Après deux missions de campagne données à Ergny et à Aquin, il écrit sur son livret ce chiffre qui ne manque pas d'éloquence : deux mille cinq cents *confessions*. C'était avoir assez travaillé pour un novice.

Voici un épisode de ce fructueux apostolat.

« Je prêchais une mission de campagne. Un jeune homme vient prendre mon paquet, je lui remets une médaille miraculeuse pour lui et trois autres pour chacun de ses frères, et j'exige la promesse qu'ils la porteront tous.

« La mission s'ouvre et dès le soir le jeune homme m'aborde et me dit :

« Mon Père, je vous prie d'entendre ma confession. Depuis ce matin votre médaille me répète sans cesse : *Va te confesser, va te confesser.*

« — C'est bien, mon ami, lui répondis-je ; mais il faut aussi m'amener vos frères.

« — Mon Père, je tâcherai.

« En effet, un second, un troisième sont fidèles au rendez-vous. Restait le quatrième, un peu rétif. Néanmoins, bon gré mal gré, ses frères l'amènent et le poussent dans le confessionnal.

« — *Mon Père, v'la le quatrième ; chargez-vous-en !*

« La tâche était légère. Le jeune homme se laissa faire volontiers et se retira bien content. »

V

Le Pénitencier de Saint-Sulpice. — Industries de son zèle dans les cas désespérés.

Dès son arrivée à Paris, le P. Milleriot, sans négliger aucun autre devoir de son apostolat populaire, se fit, avant tout, confesseur. Affable et bon envers tout le monde, il eut dès lors un faible pour les plus pauvres et les plus rebutants. *Les hommes*, et parmi eux les ignorants, les retardataires, les grands pécheurs, *les gros poissons*, comme il disait en souriant, formaient sa clientèle habituelle et préférée.

Veut-on savoir quelle était la journée, — toujours la même, — de ce *grand pénitencier* de Saint-Sulpice? Voici son règlement, fidèlement suivi jusqu'à la veille de sa mort.

Le P. Milleriot se levait à trois heures, afin d'avoir une heure de plus à donner à Dieu. Cette exception à la règle commune, il avait soin de la faire périodiquement autoriser par son supérieur. Après la méditation, après la sainte messe qu'il disait invariablement un peu avant cinq heures, après son action de grâces et son léger déjeuner pris debout, il partait à six heures et demie, de son pas ferme et martial, pour Saint-Sulpice, et il s'établissait aussitôt dans son confessionnal, au milieu des médailles, des scapulaires, des chapelets, des images et des livrets de toute sorte, qu'il distribuait à « ses enfants ». Vers dix heures et demie, il revenait à sa cellule de la rue de Sèvres, d'où, plusieurs fois la semaine, il repartait pour continuer son pénible ministère durant toute l'après-midi.

Le reste de la journée était consacré au bréviaire et à la préparation de ses instructions, soigneusement écrites sur de petites feuilles de même grandeur.

Pendant plus de trente-six ans, le P. Milleriot a mené joyeusement cette rude vie.

On devine si sa mémoire était enrichie de belles *histoires!* Mais fort discret, comme il convient au confident des âmes, il ne les racontait qu'après en avoir obtenu la permission expresse des personnes intéressées. Dans ses *Souvenirs*, s'il lui arrive de prononcer un nom propre, il a soin de le faire suivre de cette mention : « J'ai été autorisé par le vieux père un tel à citer son nom, pour donner plus d'authenticité à mon récit. »

C'était le cas de celui que le P. Milleriot appelait, avec une familiarité charmante, *mon vieux Jeannin*, et dont il raconte l'histoire sous ce titre significatif : *Une cause désespérée.*

« Le père d'un de nos ouvriers de la Société de Saint-François Xavier, âgé de quatre-vingt-six ans, était depuis longtemps atteint d'un tic nerveux. Je demande à son fils de ses nouvelles ; il m'en parle comme d'un homme sans religion.

« — C'est bon, lui dis-je ; la première fois

que je le rencontrerai, je lui donnerai une bonne poignée de main.

« — Ah! mon Père, ne vous y fiez pas. Vous êtes bien sûr qu'il vous dira des sottises.

« — C'est bien ; nous verrons.

« Peu de temps après, mon homme se trouve nez à nez avec moi.

« — Bonjour, monsieur Jeannin, lui dis-je en lui prenant la main, comment ça va-t-il (1)?

« Mais lui, se retirant violemment :

« — Je n'aime pas les prêtres.

« — Eh bien, si vous n'aimez pas les prêtres, moi, j'aime les gens qui parlent franchement comme vous. D'ailleurs, si vous n'aimez pas les prêtres, vous aimez le bon Dieu...

« — Laissez-moi tranquille avec votre bon Dieu.

« — Avec tout ça, vous pouvez bien faire un petit bout de prière matin et soir?

---

(1) « J'ai eu depuis, du père et du fils, la permission de les nommer. »

« — Laissez-moi la paix avec vos... prières.

« — Adieu, monsieur Jeannin; à l'occasion.

« Il était tremblant de colère.

« C'est bien, me dis-je, en moi-même; coquin, tu payeras pour les autres. Mon Dieu, aidez-moi! souvent vous me faites la grâce d'emporter une âme d'assaut à la première ou à la seconde rencontre. Pour celle-ci, j'y mettrai le temps qu'il faudra.

« Je résolus de prendre mon bon vieux par la bouche. Je lui envoie, par une de mes pénitentes, un bon pâté avec deux bouteilles de bon vin. La personne charitable se présente chez lui :

« — Monsieur Jeannin, le P. Milleriot vous envoie ce pâté pour vous et votre fils, avec ces deux bouteilles pour boire à sa santé.

« L'homme, d'abord furieux en entendant mon nom, s'apaise bientôt.

« — Madame asseyez-vous... Le P. Milleriot... est très bon.

« C'était quelque chose. Peu après, je me présente chez lui.

« — Monsieur Jeannin, c'est votre ami qui vient vous voir.

« — *Mon Révérend Père*, asseyez-vous donc!

« C'était mieux encore; mais nous étions loin de compte. Il fallut réitérer à époques fixes l'envoi du pâté et des bouteilles. Je le visitais tous les mois, et chaque fois je gagnais du terrain.

« De discussions, peu; j'aimais mieux le prendre par le cœur. Peu à peu il se mit de lui-même à prier; puis, à chaque visite, nous récitions ensemble un *Pater* et un *Ave*. Enfin, après quatre ans d'attente, il était gagné; il se confessait et je lui faisais faire ses pâques dans sa chambre. Il y avait longtemps qu'il ne sortait plus.

« Or, avant de communier :

« — Mon Père, me dit-il, laissez-moi dire un mot devant vous à mon fils.

« — Très volontiers.

« — Ecoute, Jacques, ton vieux père va

renouveler sa première communion qu'il a faite il y a soixante-dix-neuf ans. Tu es en retard, toi aussi... Tu es libre ; mais si ça te convient, fais comme moi.

« — Et il communia pieusement.

« Six mois après, le pauvre homme était en danger. Je lui donnai moi-même les derniers sacrements, et il s'éteignit à quatre-vingt-douze ans. »

Dieu avait attendu bien longtemps cette âme, peut-être plus malheureuse encore que coupable. L'apôtre sut imiter la patience divine, et après quatre ans de sollicitude délicate, il eut la joie de convertir un de ces pécheurs dont le retour cause au ciel plus d'allégresse que la persévérance de quatre-vingt-dix-neuf justes.

Voici un trait à peu près semblable.

Une Sœur de Saint-Vincent de Paul visitait depuis six mois une pauvre femme malade. Elle ne pouvait, malgré tout son zèle, la décider à se confesser. C'étaient toujours des excuses. Tantôt elle était trop souffrante.

tantôt elle n'était pas assez malade pour recevoir les derniers sacrements. Et puis cela lui coûtait trop, et puis elle ne saurait par quel bout s'y prendre... A vrai dire, le plus grand obstacle ne venait pas d'elle, mais de son mari qui ne voulait pas entendre parler de prêtre : « Ce serait, disait-il, donner à ma femme le coup de la mort. » Et dans sa rude franchise il ajoutait : « S'il en vient un, je le jette à la porte. »

Néanmoins la malade, se sentant près de sa fin, dit à la Sœur qu'elle consentait à recevoir la visite de l'homme de Dieu. « Mais, ajouta-t-elle, choisissez-moi un vieux prêtre et un bon. »

« — J'ai votre affaire, lui dit la Sœur, Je vous enverrai le Père de la Sainte-Famille, l'homme des ouvriers et des ouvrières.

« Là-dessus la religieuse vient me trouver. Elle m'annonce que la malade désire un prêtre, sans m'avertir que le mari est en même temps le portier de la maison. Elle ne me cache point néanmoins que l'homme est fort peu accommodant.

« — C'est bon, répondis-je, puisque la femme me demande, j'arrangerai la chose en douceur.

« Je me présente chez le portier.

« — N'est-ce pas ici que demeure Mme X?

« — Oui, c'est ma femme, qu'est-ce que vous lui voulez?

« — Ah! mon brave, c'est votre femme. Je l'ignorais; mais on m'a dit qu'elle serait bien aise de me voir.

« — Et moi je vous dis que vous n'entrerez pas, et dépêchez-vous de vous en aller.

« — Certainement, mon ami, je vais m'en aller; je ne viens pas ici pour violer le domicile des gens, et je ne verrai pas votre femme sans votre permission.

« A ces mots, je prends mon chapeau comme pour m'en aller, et puis je reste.

« — Mon ami, lui dis-je, je vois que vous êtes un homme de cœur, et que vous aimez bien votre femme.

« — Tiens, si je l'aime!

« — A la bonne heure, et que vous seriez bien fâché de lui faire de la peine.

« — Certainement.

« — Et qu'au contraire, vous seriez bien aise de lui faire plaisir.

— « Sans doute.

« Et me tournant vers la malade :

« — Vous aussi, bonne maman, je suis persuadé que vous aimez bien votre mari.

« — Oh! oui, allez, monsieur le curé, mon homme est le meilleur des hommes.

« — Braves gens, voilà ce qui s'appelle parler, voilà ce qui s'appelle un bon ménage. Eh bien, mes enfants, je suis si content de vous que je vais prier le bon Dieu de rendre la santé à la malade... Tenez, mon ami, laissez-moi dire un *Pater* et un *Ave* à côté d'elle pour sa guérison.

« Et l'homme de me laisser faire.

« — Eh bien! la mère, n'êtes-vous pas un peu soulagée?

« — Oui, monsieur le curé.

« — Et ne voulez-vous pas que je vous dise un petit mot de consolation?

« — Bien volontiers.

« Alors m'adressant au mari :

« — Mon bon ami, laissez-moi un petit instant avec votre femme, pour lui faire entendre quelques bonnes paroles.

« Et sans attendre sa réponse, je le prends par les épaules et je le mets tout doucement à la porte. On comprend quelle fut la consolation donnée à la malade. Une confession en règle, aussi courte que possible, vu le danger imminent. La chose terminée, je fais rentrer le bonhomme.

« — Mon ami, demandez à votre femme si elle est contente.

« — Très contente, dit-elle.

« — Allons, mes enfants, voilà qui va bien. Père, donnez-moi maintenant une plume et de l'encre ; votre femme veut recevoir le bon Dieu ; je vais faire le billet pour les sacrements.

« — C'est-il vrai, femme ?

« — Oui.

« Le pauvre homme était pâle d'émotion ; mais il n'osa pas résister. L'administration des sacrements eut lieu immédiatement après. Le lendemain je retournai voir la malade; elle était mourante; le surlendemain elle était morte. Deux jours après je rendis visite au portier pour lui témoigner la part que je prenais à sa douleur.

« — Mon ami, lui dis-je, votre femme vous a donné un bon exemple. Il faut le suivre ; elle est sauvée, vous la retrouverez un jour au ciel. Pour cela, faites comme elle ; venez me trouver un de ces jours-ci, nous ferons nos petites affaires ensemble.

« — Je le vois bien, répondit-il, il faudra que je finisse par là.

« Je l'embrassai avec effusion, et c'est ainsi que fut dompté le portier indomptable. »

Une Sœur de Bon-Secours avait été envoyée soigner un pauvre chiffonnier, atteint d'une maladie mortelle, et qui vivait dans un véritable fumier. Malgré tout son dévouement, elle ne pouvait l'approcher sans de continuels soulèvements de cœur. Le P. Milleriot le connaissait et avait appris tardivement son état désespéré. Il accourt un beau matin et, sans prendre garde à la saleté du logis et à l'horrible état du moribond, il se jette à son cou, l'embrasse, le tient longtemps dans ses bras en lui parlant avec une tendresse toute chrétienne.

Pendant ce temps, la pauvre sœur, à genoux et bien confuse, fondait en larmes au spectacle de cette admirable charité. C'est elle-même qui en a fait le récit.

Ce qu'on va lire, jamais le P. Milleriot ne l'a pas non plus raconté, que je sache ; l'humilité lui fermait la bouche. Mais les témoins ont bien voulu nous l'attester par écrit.

Dans la rue du Bac, non loin du séminaire des Missions étrangères, demeurait, il y a une vingtaine d'années, un pécheur incorrigible qui, réduit à la dernière extrémité, refusait opiniâtrément les secours religieux. En vain tous les moyens avaient-ils été mis en œuvre ; la haine du prêtre l'emportait chez lui sur tout le reste. L'agonie était proche ; chacun voyait avec terreur cette âme sur le point de paraître en un tel état devant

Dieu. Une dernière ressource s'offrait : appeler en toute hâte le P. Milleriot. A peine averti, il accourt; le malade était sans connaissance. Le Père alors prend son chapelet, se met à genoux auprès du lit, et il attend.

Tout à coup le moribond ouvre les yeux, aperçoit le prêtre en prières et, saisi d'un épouvantable accès de rage, il se dresse en criant : *Un calottin ici!...* Au même instant, la fureur lui rendant quelque force, il applique un grand soufflet sur la joue du Père. Celui-ci, sans s'émouvoir ni paraître rien faire d'héroïque, tend l'autre joue, et reçoit un second soufflet. Puis, se relevant et prénant la main du malade, il lui dit avec douceur :

— Très bien, très bien! Je ne mérite pas autre chose; mais en voilà assez; cela vous fatiguerait.

Le malheureux, ébahi, honteux, balbutie :

— Enfin que me voulez-vous?

— Sauver votre âme, mon cher ami.

Ce seul mot ramène le calme le mourant, transformé soudain en un autre homme, docile comme un enfant, se confesse, reçoit les derniers sacrements et montre jusqu'à la fin un sincère repentir et une résignation vraiment chrétienne.

Un des plus zélés coopérateurs du P. Milleriot, qui, pendant plus de vingt ans, s'est associé à ses bonnes œuvres, nous racontait, il y a quelques jours, un fait plus édifiant encore, s'il est possible.

Dans une famille dont tous les membres avaient le sot orgueil de se dire libres-penseurs, une pauvre femme était à la dernière extrémité. Des voisins, des personnes charitables, — parmi elles, l'homme de bien qui m'a fait ce récit, — avaient essayé vainement de faire pénétrer un prêtre dans cette maison. Chaque tentative avait provoqué de nouvelles fureurs et semblé resserrer de plus en plus l'abominable cordon établi autour de la mourante.

Cette fois encore, en désespoir de cause, on songea au bon P. Milleriot. Il n'était pas homme à manquer une occasion si belle de souffrir quelque chose pour le salut d'une âme. Il se présente hardiment, frappe à la porte et met le pied sur le seuil. On lui refuse brutalement l'entrée; il insiste... Alors ces furieux se jettent sur lui, le précipitent dans l'étroit escalier et, à grands coups de pieds dans les reins, le lancent contre le mur du palier inférieur. Le Père se relève tout meurtri et se recueille un instant, « en se « frottant les côtes », disait-il ensuite. On s'observait de part et d'autre; les forcenés restaient au haut de l'escalier, menaçants, les poings fermés, vomissant des injures et des blasphèmes. Mais l'apôtre, comptant sur la grâce de Dieu, acharné au salut de cette âme, sent redoubler sa confiance, remonte lentement les degrés, la figure calme et souriante et dit simplement : « Mes bons amis, je le mérite... Mais ne perdons pas de temps; cette pauvre âme veut être sauvée. »

A ces mots, les bras tombent, les cris cessent; le passage s'ouvre devant le Père. Arrivé au chevet de la malade, il la confesse sans peine, la prépare tranquillement à recevoir les derniers sacrements et non seulement la met en état de paraître dignement devant Dieu, mais profite de l'occasion pour convertir plusieurs membres de cette famille jusque-là scandaleusement impie.

VI

Action du P. Milleriot sur les âmes.

C'étaient là, pour ainsi dire, les expéditions apostoliques qui rompaient la monotonie d'une vie dépensée presque entière au confessionnal.

A sa cellule de la rue de Sèvres ou dans sa chapelle de Saint-Sulpice, le P. Milleriot ne recevait pas que de vieux retardataires et de grands pécheurs. De fervents chrétiens recherchaient avec empressement sa direction précise et ferme. De nombreux jeunes gens aimaient à s'adresser à lui, touchés de sa familiarité paternelle.

« J'ai toujours éprouvé, en me confessant au P. Milleriot, — nous écrit l'un d'eux, —

et en recevant ses exhortations, un sentiment que je n'ai eu avec aucun autre. C'était un soulagement, une sérénité que je ne saurais comparer qu'à un avant-goût de l'autre vie ou d'une communion fervente. »

Il y avait, chez ce vieillard, quelque chose de jeune qui ravissait des cœurs de vingt ans.

« Au moment de la guerre je n'étais qu'un enfant, — c'est un pénitent du P. Milleriot qui parle, — mais mon patriotisme n'en était pas moins exalté. Je m'accusais à mon cher confesseur de ma haine contre les Prussiens, tout en ajoutant que je n'y renonçais pas, ce qui le faisait sourire; je lui exposais l'inquiétude où j'étais, craignant d'offenser Dieu qui nous commande d'aimer notre prochain.

« — Oui, sans doute, répondit-il, c'est notre prochain... mais si éloigné!... Enfant, faites comme moi : tous les matins, je livre une grande bataille aux Prussiens, j'en tue dix mille *dans mon petit cœur*, et je prie en même temps pour le salut de leurs âmes. »

C'est bien là se faire petit avec les petits, faible avec les faibles, à l'exemple de saint Paul. Le P. Milleriot poussa cet art surnaturel fort loin et parvint, à force de se vaincre lui-même, à se faire véritablement *tout à tous.* Il le fallait bien, surtout quand il s'agissait de gagner à Jésus-Christ certains étranges pénitents, pour lesquels il avait une prédilection marquée.

Un brave ouvrier se disputait avec le suisse de la paroisse auquel il avait demandé un prêtre qui, *pour trois francs*, lui signât le billet de confession nécessaire à la bénédiction de son mariage. Attiré par le bruit, le Père sort du saint Tribunal, se met au courant de cette singulière discussion et, s'emparant du bonhomme :

« Venez, lui dit-il, j'ai votre affaire. »

Il lui parle avec douceur, lui donne de belles médailles pour lui et pour sa future femme, et, quand il croit avoir gagné ses bonnes grâces, il l'instruit peu à peu, lui révèle la grandeur du sacrement et, après l'avoir bien confessé, il lui donne gratis une bonne absolution.

Une autre fois, un homme du peuple vient droit à lui, se met tant bien que mal à genoux et lui apprend qu'il doit se marier le lendemain. Quant à la confession, elle est bientôt faite.

— Monsieur, moi, je n'ai rien à vous dire... *J'ai tout fait.* Voilà.
— Vous avez tout fait, mon ami?
— Oui, Monsieur.
— Avez-vous tué le Pape?
— Oh! non.
— Eh! brave homme, vous vous faites donc plus méchant que vous n'êtes. Allons, mettez-vous là, tout-à-fait bien à genoux; je vais arranger votre affaire; puis, je vous offrirai mon petit cadeau de noces et tout ira bien : vous serez content de moi, et moi de vous.

Ainsi fut fait.

Avec les militaires surtout le P. Milleriot se trouvait à l'aise. Il aimait leur franchise, et la sienne gagnait vite leur confiance.

Un officier supérieur vint un jour le remercier des soins donnés à sa femme mourante.

— Commandant, aujourd'hui à votre tour :

— Mon père, je ne me confesse pas.

— Je le sais bien ; vous ne le faites pas, mais il faut le faire.

— Mon père, encore une fois, je ne me confesse pas.

— Commandant vous vous confesserez.

Le vieil officier, dominé peu à peu par l'ascendant de ce prêtre énergique et bon, consent à répondre, moitié souriant, aux questions qui lui sont posées.

— Commandant vous vous êtes confessé pour rire. Vous reviendrez, et ce sera pour tout de bon.

Il revint en effet de lui-même jusqu'à trois fois. La confession enfin terminée et l'absolution reçue, quelle n'était pas sa joie!

— Commandant, lui dit pour conclure le P. Milleriot, j'étais sûr d'avoir raison de vous.

— Comment cela, s'il vous plaît?

— Eh! voilà dix ans que vous portez la médaille miraculeuse.

Ces conversions généreuses étaient la consolation et la récompense de ce cœur apostolique, mais il avait aussi ses épreuves. Dans ses souvenirs je trouve à plusieurs reprises ces mots : *le P. Milleriot bien attrapé...* C'est son vieux parapluie ou son pauvre bréviaire qu'un faux pénitent lui dérobe. C'est une prétendue dévote qui lui enlève prestement son mouchoir ou son étui de lunettes. Parfois il surprenait le coupable en flagrant délit ; après une verte semonce, il finissait par se laisser attendrir et par lui donner l'aumône. « Après tout, disait-il, c'est la misère qui pousse ces pauvres gens au vol... » et le bon cœur l'emportait sur la prudence. Il se reprochait néanmoins d'être devenu passablement méfiant, quelquefois même, — il le croyait, — un peu dur. C'était, par exemple, lorsqu'un solliciteur importun venait lui dire : « Mon Père, si vous ne venez pas à mon secours, je vais me

jeter à l'eau, ou bien me brûler la cervelle. »
Il se contentait de répondre avec son bon sourire : « Mon ami, sur dix qui se tuent de la sorte il n'y en a pas un qui meure. »

Un jour, le P. Milleriot dut comparaître aux Assises en qualité de témoin. Une malheureuse femme tombée d'un rang honorable dans la dépravation et dans la misère avait à répondre d'une accusation de faux et d'escroquerie; pour se disculper elle n'avait rien trouvé de mieux que d'invoquer le témoignage du bon Père. Interpellé par le président, le P. Milleriot, d'une voix énergique, prononça ces simples paroles : « Je déclare qu'en ma qualité de confesseur de l'accusée, je n'ai rien à dire ni pour elle ni contre elle. »

On approuva hautement cette sage conduite du prêtre scrupuleusement fidèle au secret de la confession.

VII

Le P. Milleriot en chaire.

Le P. Milleriot réconciliait, au saint Tribunal, les âmes avec Dieu, et les affermissait dans la pratique des devoirs chrétiens. Mais ce pénible ministère, auquel il se dévouait de préférence, ne suffisait pas à son zèle; si l'apôtre infatigable quittait le confessionnal, c'était pour monter en chaire et y poursuivre, par d'autres moyens, la même œuvre.

Il est assez difficile de caractériser le genre d'éloquence du P. Milleriot. Très original, dans le bon sens du mot, il était *lui-même* et ne ressemblait à personne. Après l'avoir entendu prêcher, à Orléans, une retraite pastorale, Mgr Dupanloup, un bon juge, ne put s'empêcher de lui dire :

— Mon Père, vous êtes éloquent!

— Monseigneur, répliqua l'orateur populaire, ma parole grandit avec mon auditoire. Quand surtout je m'adresse à des prêtres, il n'y a plus d'auditeurs, il n'y a plus de prédicateur; pardon, Monseigneur, il n'y a plus d'évêque... Il n'y a plus que la vérité.

Dans le P. Milleriot, on retrouve quelque chose du P. Lejeune et de Bridaine. En 1854, il prêchait à Saint-Thomas d'Aquin une retraite préparatoire à la communion pascale. L'église, chaque soir, était remplie d'hommes du peuple, auxquels se mêlaient des personnes de distinction.

— Savez-vous, mon Père, lui dit un jour le vénérable Curé, que vous avez parmi vos auditeurs des baronnes, des comtesses, des marquises et même des duchesses...

— Eh bien, ces nobles personnages auront demain un petit mot de moi tout particulièrement à leur adresse.

Le lendemain, en effet, le P. Milleriot débutait ainsi :

« Mes frères, je suis l'homme du peuple et je m'en réjouis. J'aime mieux prêcher l'Evangile aux petits qu'aux grands; j'aime mieux confesser les pauvres que les riches, les domestiques et les artisans que les maîtres et les nobles. Ce n'est pas que je méprise les nobles; personne, au contraire, ne les honore plus que moi, surtout lorsqu'ils sont, comme ceux qui m'entendent, plus nobles par le cœur que par le nom, par la religion que par les titres. Et pour leur donner la preuve de mon dévouement et les engager à m'accorder leur confiance, j'ajouterai naïvement que je recevrais à mon confessionnal, sans le moindre embarras, le Pape d'un côté et l'Empereur de l'autre. »

Un sourire approbateur prouva que l'auditoire avait compris, et les jours suivants des hommes et des dames du monde se rendirent avec empressement à Saint-Sulpice pour se confesser au P. Milleriot.

Quelques années plus tard, en 1865,

prêchant le Carême à Notre-Dame-des-Victoires, le Père, avant un de ses sermons, commence le signe de la croix ; mais, la main au front, il s'arrête brusquement, promène son regard sur l'auditoire, et dit, de sa voix grave et profonde : « Quelle grande chose, mes frères, que d'offrir et de consacrer nos actions au Père qui est aux cieux, à Notre-Seigneur Jésus-Christ qui nous a rachetés, au Saint-Esprit qui vient sans cesse nous sanctifier ! Quelle grande chose que le signe de la croix !... Le faites-vous bien ? Essayons ensemble. *In nomine Patris et Filii et Spiritus Sancti.* » Et en même temps il traçait lentement sur lui un large signe de croix, et tous les assistants, profondément émus, imitaient son exemple.

Une autre fois, il parlait du triste sort des pécheurs et rappelait le mot touchant du saint Curé d'Ars : *Ils sont trop malheureux!* A ce moment, il se tourne vers l'entrée de l'église où des hommes se tenaient debout, et s'écrie : « Oh ! oui, les pauvres pécheurs, ils sont trop malheureux! Pécheurs, à genoux! on va prier pour vous. » Lui-même tombe à genoux dans la chaire, et poursuit d'un ton solennel et pathétique : « Pour les pécheurs, pour les pécheresses, pour tous ceux qui sont loin de Dieu, mais qui vont revenir à lui, se convertir, se confesser... Prions pour eux! *Souvenez-vous, ô très pieuse Vierge Marie...* »

Un écrivain, plein de verve et de goût, M. Victor Fournel, consacrait naguère, au P. Milleriot prédicateur, un de ses spirituels feuilletons littéraires, dont le lecteur nous saura gré de citer ici quelques fragments (1).

« Connaissez-vous l'église de Saint-François-Xavier? Pas beaucoup, n'est-ce pas? L'église de Saint-François-Xavier s'élève là-bas, là-bas, plus loin que le Luxembourg, aux environs des Invalides. C'est un monument du nouveau Paris bâti dans un style

---

(1) Voir, dans *le Français* du 30 mars 1877, l'article signé du pseudonyme bien connu de *Bernadille*.

indéfinissable qui tient à la fois de l'antique, du roman et de la renaissance, du reste pas laid du tout... Je passais par là un dimanche soir, en tramway. Dans l'enfoncement sombre du boulevard, je vis se dessiner la vague silhouette de la façade coiffée de ses deux tours. Le bruit lointain de l'orgue m'attira. Je descendis et j'entrai.

« L'orgue venait de se taire. Un prêtre à cheveux blancs, à physionomie nettement dessinée, montait en chaire. Je m'assis dans l'auditoire tout populaire. Près de moi un solide gaillard, effroyablement barbu, aux mains calleuses, aux épaules larges, l'air d'un charpentier ou d'un maçon endimanché, se mettait en mesure de bien entendre.

« Le prédicateur s'était établi dans la chaire avec une aisance qui dénotait une longue habitude. Il y était évidemment comme chez lui. Il commença d'une voix qui remplit aussitôt sans le moindre effort tout le vaisseau. Il prêchait sur la prière, il peignait, en traits pittoresques et saisissants, la petitesse de l'homme, en regard de Dieu, sa misère, ses besoins, la légitimité, l'utilité, la nécessité de la prière. Chemin faisant, il répondait aux grands philosophes qui affirment, les uns, qu'il est inutile de prier, les autres, que c'est offenser la bonté et la justice de Dieu, qui sait ce qu'il nous faut ; et sa réponse, pour n'avoir rien de métaphysique ni d'abstrait, n'en portait pas moins un coup droit au sophisme. Tour à tour élevée et familière, insinuante ou impérieuse, mais toujours vive, originale, pleine de saillies et d'imprévu, sa parole tenait toutes les attentions en éveil, tous les esprits et tous les cœurs sans cesse en suspens. Elle passait, avec une souplesse et une variété d'allures qui eût déconcerté Bourdaloue, du doux au grave, du plaisant au sévère, de Bossuet à Barbette, et de Bridaine au petit P. André. Les apostrophes, les comparaisons et les images semblaient naître d'elles-mêmes sous ses pas; le prédicateur se mettait en scène avec bonhomie; il racontait ses souvenirs, il interpellait le Curé de la paroisse, il faisait intervenir le Pape, il montait en face de Dieu d'un élan brusque et hardi, puis tout-à-coup il redescendait sur la terre et entamait quelque anecdote avec une mimique et des inflexions de voix qui déridaient tous les visages. L'auditoire riait, puis il était ressaisi d'une main ferme, ému d'un cri pénétrant, remué, bouleversé, quelquefois bousculé, mais je vous réponds qu'il ne songeait pas à dormir!

« Je n'avais jamais entendu prêcher comme cela. Parmi les prédicateurs dont j'ai souvenir, celui qui se rapproche le plus de ce genre abrupt, sans façon, vigoureux, était l'abbé Combalot.

« — Quel est donc ce prêtre, demandai-je à mon voisin?

« Il me regarda d'un air surpris.

« — Mais c'est le P. Milleriot.

« Ce nom me disait tout. J'avais souvent ouï parler du P. Milleriot, je ne l'avais jamais entendu : il n'a point l'habitude de prêcher dans les paroisses lettrées. *Ce Ravignan des ouvriers*, comme on l'a surnommé, ne se plaît que dans les quartiers excentriques, aux auditoires incultes qu'il peut empoigner et retourner avec sa forte main de pêcheur d'hommes, avec cette éloquence corps à corps qui fait entrer la conviction à coups de maillets dans les têtes les plus dures, prend d'assaut l'âme rebelle et la force à capituler.

« Rentré chez moi, j'ouvris mon Vapereau : j'y trouvai une foule de messieurs que je n'ai pas l'honneur de connaître, mais je n'y trouvai pas le P. Milleriot. Il a fallu me renseigner ailleurs, non près de lui, grand Dieu ! Le P. Milleriot n'est visible qu'en chaire ou dans son confessional de l'église de Saint-Sulpice, et je crois qu'il enverrait assez rudement promener le chroniqueur qui parviendrait à le joindre pour lui demander des renseignements sur son compte. Ou plutôt il le forcerait à se confesser, ce qui ne serait peut-être pas du goût de celui-ci.

« Le P. Milleriot est dans sa soixante-dix-huitième année. « Je sais bien que je suis un peu agé, mais je ne suis pas vieux » dit-il quelquefois et je vous assure que nul de ceux qui le connaissent ne songent à le traiter de vieillard. Il a gardé toute l'activité, toute l'ardeur, toute l'énergie de la jeunesse, ainsi que sa belle humeur et sa voix de stentor. Il est fait pour évangéliser les sauvages de la civilisation et particulièrement les Peaux-Rouges de Paris.

« — Un Jésuite, ça! disait d'un ton d'incrédulité à son camarade un ouvrier qui venait de l'entendre.

« — Oui, un Jésuite, ça! Tu es encore bon enfant, toi! Tu ne sais donc pas que les Jésuites c'est tout ce qu'il y a de plus chic dans les prêtres?

« N'importe, je comprend l'étonnement du premier. On prétend que les Jésuites se ressemblent tous comme les soldats, qu'ils ne font pas un geste qui n'ait été prévu par le règlement, que les *Exercices spirituels* ont déterminé la manière dont ils doivent porter la tête et la hauteur à laquelle il est permis d'élever la voix ou la main. Il faut croire que le P. Milleriot aura brisé le moule... »

Non, le P. Milleriot n'a pas brisé le moule. Jamais saint Ignace n'a eu l'idée d'effacer, chez ses religieux, les traits de l'originalité personnelle au profit de je ne sais quelle automatique uniformité. Les règles qu'il a données ont pour but de redresser au dedans comme au dehors ce qui est défectueux, et nul peut-être ne s'efforça plus que le P. Milleriot d'y conformer son extérieur. Mais il ne perdit pour cela ni sa tournure d'esprit, ni son vif et pittoresque langage, ni son allure aisée, allègre et martiale.

Le spirituel chroniqueur, vient de comparer le P. Milleriot au célèbre abbé Combalot. Il y avait, en effet, entre les deux prédicateurs plus d'un trait de ressemblance. Lorsque l'abbé Combalot mourut comme un soldat à son poste, au milieu de la station de Carême qu'il prêchait à Saint-Roch, on pensa aussitôt au P. Milleriot pour mener à bonne fin l'œuvre si tristement interrompue. Son premier sermon causa quelque émoi. Il prêcha sur l'enfer, en démontra l'existence et en peignit énergiquement l'horreur. Puis annonçant la prochaine conférence, il promit de prouver, avec non moins de clarté, *qu'il n'y a pas d'enfer*. « Je vous invite, Mesdames, à m'amener vos maris, auxquels le sujet que j'annonce ne peut manquer de plaire. » La fois suivante, il y avait foule ; les hommes étaient nombreux. Le P. Milleriot rappela dès le début les paroles de Notre-Seigneur : *Tout pouvoir m'a été donné au ciel et sur la terre... Tout ce que vous délierez ici-bas sera délié là-haut.* Puis, reprenant une pensée qui lui était habituelle, il insista sur cette vérité que chacun, grâce au Sacrement de pénitence, peut se fermer l'enfer et faire en sorte qu'il n'y en ait plus pour lui. « Confessez-vous, mes frères ; dans le dessein miséricordieux de Jésus-Christ, la confession supprime l'enfer. »

VIII

Traits d'Eloquence populaire.

Ce qui plaisait à l'auditoire populaire du P. Milleriot, c'est que, sans jamais descendre à la trivialité, son prédicateur lui parlait sa propre langue, simple, énergique et surtout pleine d'images. Laissant de côté ce qui passe la portée commune, il tâchait avant tout de se faire bien comprendre et, tout en instruisant l'esprit, il s'adressait de préférence au cœur pour l'émouvoir et le porter au bien.

Qu'on nous permette de citer quelques exemples; si ce qu'on va lire n'est pas un chef-d'œuvre littéraire, du moins cela n'appartient certainement pas au genre ennuyeux, le pire de tous pour l'orateur de la chaire aussi bien que pour les autres.

« J'assistais un jour au salut du Saint-Sacrement. J'écoutais dans le silence de mon âme les harmonies de l'orgue, et je me disais : Je voudrais posséder une voix aussi puissante. Je parcourrais les plus grandes églises, je monterais en chaire et je crierais : Frères, écoutez les vérités de la foi ! — Bien plus, je voudrais que ma voix eût l'éclat du tonnerre pour faire retentir aux oreilles de mes auditeurs ces foudoyantes paroles : Insensés où allez-vous ? Ne voyez-vous point l'enfer ouvert sous vos pas ?... Je leur jetterais ce mot terrible : *Au feu! Au feu.....* Au feu les impies, les blasphémateurs, les impudiques ! Au feu les honnêtes gens selon le monde, qui vivent dans le monde comme s'il n'y avait pas de Dieu !

« Jamais, pensez-vous, voix pareille ne viendra troubler la paix de nos cités. — Ignorants, vous l'entendrez un jour cette voix formidable, ou mieux une voix plus puissante encore. N'allez pas le nier, je vous en conjure. Ne vous souvenez-vous pas de l'Evangile de ce qu'il raconte des derniers jours, de la trompette fatale qui retentira aux quatre coins du monde? *Surgite mortui!* Levez-vous, ô morts!

« Ecoutez une autre voix, la voix du Fils de l'homme. Fils de l'homme parlez! — Les damnés, des milliards de damnés l'entendront : Allez au feu éternel! Vous avez fermé l'oreille à la douce voix de l'Agneau qui parlait à vos cœurs. Et cet Agneau est devenu le Lion de Judas dont les rugissements font trembler le monde. Alors vous voudrez vous convertir. Il sera trop tard!

« Mais il est temps encore. Ecoutez la voix du prêtre. Criez vers le Dieu de miséricorde : la voix du repentir étouffera la voix de la justice. Venez au saint Tribunal; là vous accuserez vos fautes; là vous verserez des larmes avec des prières; là vous recevrez le pardon de vos péchés, et avec le pardon vous trouverez la paix du cœur et le repos de vos âmes agitées. »

Quand le P. Milleriot s'emparait d'une idée, d'un mot, il les retournait sous toutes les faces, et tirait parfois de cette répétition même de grands effets.

« Quelle affreuse catastrophe qu'une secousse de la terre ! Dans le siècle dernier, à Lisbonne, cinquante mille personnes périrent. Autrefois, à Constantinople, dans un tremblement de terre, cinq cent mille hommes trouvèrent la mort.

« Eh bien, plus terribles encore sont les secousses du démon. Selon le mot de l'Évangile, le démon est un terrible vanneur qui demande à cribler les élus pour les jeter dans l'abîme. Mais ce n'est rien auprès des secousses de Dieu, s'il est permis de parler ainsi. Dieu secoue l'arbre pour en faire tomber les mauvais fruits ; il secoue l'arbre planté le long des eaux pour l'enraciner plus profondément et lui faire produire des fruits meilleurs et plus abondants.

« Il y aura une dernière secousse de Dieu à la fin des temps. Alors Dieu saisira la terre par ses deux pôles pour en faire tomber les impies... Oh ! si nous pouvions, à chaque appel de l'horloge, à chaque bruit de la terre, écouter le son monotone du balancier éternel qui semble dire : *Toujours! toujours!* Du moins, pour suivre encore la même image, secouons notre mollesse, secouons nos mauvaises habitudes, nos passions indomptées. »

Comment voulez-vous qu'un orateur ne soit pas, dès le premier mot, en communication avec son auditoire, quand il débute de la sorte :

« Savez-vous lire? — Oui. — Vous êtes bien heureux! Moi je voudrais bien savoir lire... Mais vous non plus ne savez pas lire. Vous savez lire dans les livres écrits de la main des hommes, avec de l'encre, mais dans le livre écrit de la main de Dieu, avec le sang de Dieu, dans le Crucifix, ce grand livre des chrétiens?... Les paysans disent quelquefois : comme il est savant! il lit dans les gros livres. — Qui lit dans le grand livre? Presque personne. »

Le P. Milleriot, pour exciter la confiance,

veut-il commenter à sa manière la promesse de Jésus-Christ à ses disciples : *faciam vos piscatores hominum*, il dira :

« Si un pêcheur trouvait dans son filet un homme à moitié mort, quelle joie de le rendre à la vie! C'est la joie du confesseur, du prédicateur, du prêtre. Laissez-vous prendre dans nos filets, nous vous donnerons à Dieu notre Maître. Venez, nous ne vous vendrons pas : C'est Jésus-Christ qui s'est vendu pour vous. Venez, *on ne vous mangera pas!*... Plus le poisson est gros, plus le pêcheur est content : pour le confesseur, le gros poisson c'est l'homme en retard de vingt ans, — brochet de vingt livres; la femme en retard de dix ans, — carpe de dix livres. »

Voilà pour dérider un peu l'auditoire. Quand il en était bien maître, le P. Milleriot arrivait aux avis pratiques; par exemple, il apprenait à ces braves gens la méthode à suivre pour se bien confesser. Là encore, les comparaisons familières abondaient. « Voyez ma soutane, disait-il, elle est mal boutonnée, c'est à refaire. Ainsi en est-il d'une confession mal faite ; c'est à recommencer : *il faut redéboutonner votre conscience.* »

Le divin Sauveur, étant venu pour évangéliser les petits et les pauvres, se plaisait à leur parler en paraboles. Fidèle à ce grand exemple, le P. Milleriot donnait le plus souvent aux vérités de la foi, l'attrait d'une histoire dont il s'improvisait hardiment le héros.

« J'ai fait un rêve. — J'étais marchand et me livrais à de grandes entreprises commerciales ; j'y gagnais 50 pour 100. Chaque jour, 200,000 francs d'affaires, 100,000 francs de bénéfice. Jamais de pertes ! J'étais enchanté... On voulait me plaindre : Vous vous donnez bien de la peine, me disait-on. — Nullement, quelques heures de travail pour gagner 100,000 francs ; en dix jours 1,000,000 ! En cent jours 10,000,000 ; en un an 30,000,000 ; car je me reposais les fêtes et les dimanches. Comprenez-vous ? En dix ans, j'aurai gagné 300,000,000, j'aurai 15,000,000 de rentes !

« Dans mon rêve, toutefois je disirais autre chose. La richesse ne me suffit pas, me disais-je. Il me semblait qu'il y avait comme *un trou dans mon cœur*, que rien ne pouvait remplir. Alors je devins un orateur incomparable. A ma parole tout le monde accourait. Démosthènes, Cicéron, saint Jean Chrysostôme, Bossuet, Berryer, O'Connel n'étaient que des enfants auprès de moi... Hélas! toujours *un trou dans mon cœur!*

« Je voulus goûter de la royauté! Je devins roi, le plus grand roi qui fut jamais. A mon commandement, l'univers s'ébranlait tout entier. A la première dépêche télégraphique, tous les rois s'empressaient vers ma capitale. Je me crus heureux ; je ne l'étais pas : rien ne pouvait remplir *ce trou* que j'avais toujours *dans le cœur*.

« Et dans mon rêve, j'appelais à moi tous les plaisirs du monde ; et tous les plaisirs venaient en foule, je nageais dans un océan de délices... Mais tout cela, qu'était-ce? Néant, misère et douleur.

« Comme dans mon sommeil je conservais de grands sentiments de foi, je demandai à Dieu de me faire goûter toutes les douceurs de sa grâce, toutes les faveurs de son amour. Et Dieu m'exauça. Je buvais donc à longs traits toutes les consolations célestes dont l'âme des saints est parfois inondée. Oh! quelle différence! Que les plaisirs de la terre me paraissaient méprisables en comparaison de ces torrents de joie! Alors sans doute, j'étais au comble du bonheur? Non, pas encore.

« Quelque chose me disait que la plus grande grâce que Dieu accorde à une âme, c'est de lui donner l'amour des souffrances; que, dans ce monde, la plus grande félicité, c'est de souffrir pour l'amour de Dieu. Et il me semblait dans mon rêve que j'étais martyrisé. Comme un autre Ignace d'Antioche, j'allais affronter la dent des bêtes féroces; comme un autre François d'Assise, je courais défier la fureur du Sultan. Je me voyais subissant la mort et volant droit au ciel... C'était trop de félicité pour ma faiblesse; je m'éveillai.

« Qu'en pensez-vous? Ah! rêvez, rêvez un idéal de bonheur aussi parfait que vous pourrez; vous n'atteindrez jamais la hauteur des biens que Dieu réserve à ses élus. Vous êtes trop grands, votre cœur est trop vaste : Dieu seul peut en remplir l'immense capacité. »

Cela est vraiment fort beau, si je ne me trompe; mais ce qui donnait l'efficacité à cette parole puissante, c'est qu'elle jaillissait d'un cœur profondément convaincu. Ainsi, ce que le P. Milleriot appelait *un rêve* était pour lui une pensée habituelle, un sentiment dont son cœur était pénétré. Il avait appelé le martyre de tous ses vœux et tel était bien pour lui l'idéal du bonheur. « A l'époque d'une de nos tourmentes révolutionnaires, raconte-t-il dans ses Souvenirs, mon supérieur me demanda dans quelle disposition je me trouvais par rapport à tous ces évènements, et si mon âme n'en était pas ébranlée. « Non, mon révérend Père, lui répondis-je : un peu de prison, un peu de mort, cela fait du bien. » Et il ajoute humblement : « Hélas! malheureusement ce n'étaient que des mots qui se perdaient dans le vide, et je n'ai pas mérité de périr dans nos derniers malheurs. Si je n'avais pas été si infidèle aux grâces de Dieu, peut être aurais-je eu quelque chance d'être associé à nos martyrs. »

IX

Un portrait du P. Milleriot prédicateur.

M. l'abbé Mullois, dans son *Cours d'éloquence sacrée populaire*, a tracé un portrait fort ressemblant du P. Milleriot, « l'orateur du peuple (1) ». Les pages qu'on va lire sont un témoignage trop important et trop honorable pour que nous ne nous fassions pas un devoir de les reproduire ici.

« Le P. Milleriot s'est entièrement dévoué au bien des ouvriers et des pauvres. Il leur a tout donné, son temps, ses forces, sa parole, son cœur, sa vie... Il faut le voir au milieu de son cher peuple, au milieu de cet auditoire qui en épouvanterait d'autres!

---

(1) *Cours d'éloquence sacrée populaire*, t. III, p. 412 et suivantes.

Il est heureux! on dirait un père au milieu de sa famille. Il faut l'entendre surtout! Sa parole est populaire, vive, originale, étrange, familière, impérieuse. Variée à l'infini, elle cause, elle rit, elle pleure, elle prie, elle commande, elle persuade, elle menace, elle aime. Ce peuple exprime ce qu'il ressent de la façon la plus pittoresque. Un ouvrier disait : « Pas moyen de résister; il vous fait entrer les paroles dans le corps malgré vous... »

« Le P. Milleriot va droit au but, à la confession, à la conversion. Des pécheurs à genoux comme de petits enfants et priant le Père qui est aux cieux, voilà ce qu'il lui faut, voilà les trophées de sa parole. Il a une prédilection particulière pour les méchants; s'ils sont tant soit peu scélérats, les choses n'en vont que mieux, et la fête sera plus belle au ciel. Je m'imagine que s'il n'y avait plus de pécheurs en France, il serait bien attrapé. Chaque carême et même chaque mois de Marie lui amène des centaines de ces pauvres brebis égarées; et puis, ce sont des mariages bénis, des enfants légitimés, des ménages raccommodés, des âmes aigries réconciliées avec la société, des moribonds consolés, de bons livres distribués, des pauvres secourus, des désespérés rattachés à la vie, des sommes restituées. Il ne confesse que du pauvre monde, et cependant, l'année dernière (1), il a fait pour plus de 2,000 francs de restitutions. Qu'on dise encore que le ministère sacré est stérile auprès du peuple!

« Le P. Milleriot a deux grandes puissances : son dévouement et son accent de conviction. Le peuple français adore le dévouement, c'est un argument auquel il résiste rarement : il a tant de cœur! L'abnégation, le sacrifice de soi le bouleverse, le ravit, *le grise*. En sa présence il se tait et il vénère. Le P. Milleriot produit ce sentiment sur les natures les plus âpres et les plus rebelles. Des ouvriers en blouse et en casquette lui apportent leur petit enfant nou-

---

(1) 1867.

veau-né ; le Père lui fait une croix sur le front, et l'ouvrier s'en retourne content. Un d'eux avait reçu sa visite, et sa joie était si grande qu'il ne savait pas, disait-il, s'il était possible d'être plus heureux, alors même qu'il recevrait la visite du bon Dieu.

« Quant à l'accent de conviction, on le conçoit avec le dévouement. Il est si fort chez lui qu'un ouvrier disait à un de ses amis : « Si tu ne veux pas te ranger, ne vas pas l'entendre, tu n'y pourrais pas tenir ; il vous dit des choses... Dame, on est bientôt pris avec celui-là ! »

« Les mêmes effets sont produits sur les natures cultivées. Un homme de lettres qu'il a converti disait de lui : « Cet orateur a une puissance immense. Les autres, on les voit venir : nous savons tous comment en littérature on fait jouer les ficelles ; mais il y a chez celui-là quelque chose d'imprévu, de convaincu, de divin, qui vous saisit et vous terrasse. »

« Mais c'est surtout dans *les Gloses*, c'est-à-dire dans ces petits entretiens qui précèdent les sermons, qu'il est vraiment intéressant; il cause de toute chose, de lui-même, de son auditoire, de ses faiblesses. Il faut entendre la glose sur ceux qui ne sont mariés que *de la main gauche* ou qui ne sont pas mariés du tout! Il est si persuasif, si entraînant; il lève si bien les difficultés, que ces pauvres gens ne demandent pas mieux que de se marier de la main droite.

« Voici un jugement porté sur le P. Milleriot et une de ses gloses analysée par une brave concierge revenue à la religion après une longue lacune dans la pratique des devoirs chrétiens. Nous allons conserver la couleur locale; je soupçonne la bonne concierge de n'avoir pas trop mal raconté la glose.

« — Eh bien! lui dit une dame, j'ai appris que vous étiez convertie.

« — Oh! oui, madame, je suis convertie et bien contente.

« — Et qui vous a convertie?

« — C'est le P. Milleriot, un homme qui n'a pas son pareil en France... Il m'a toute

bouleversée, il m'a tout *emberlificoté* l'âme...
Je n'ai pas pu y tenir, il a fallu me confesser.
Et j'ai été si heureuse que j'ai dit à mon
homme : Tu penseras ce que tu voudras...
Je me suis mise dans *la boîte* du P. Milleriot,
je me suis confessée. Il savait tout ce que
j'avais fait, il m'a raconté toute ma vie ;
je n'avais qu'à répondre oui. J'étais pourtant si contente, si à l'aise, que c'était tout
comme si on m'avait ôté la butte Montmartre
de dessus la conscience... Non, madame, il
n'y a pas deux pères Milleriot en France.
Cet homme-là est si bon, il aime tant le
pauvre monde, qu'il pense à tout. La veille
de la communion générale, il nous a fait un
si beau sermon ! Il nous a dit comme cela :
« Mes bons amis, c'est demain un grand
jour... nous aurons le bonheur de recevoir
le bon Dieu !... Il faut que nous soyons tous
propres, tous beaux... Ainsi ce soir, nous
allons tous nous laver les mains et la figure.
Les femmes vont repasser les robes et les
bonnets, les hommes vont cirer les souliers.
Avec un sou de cirage vous en cirerez beau-

coup. Si vous n'avez pas le moyen d'avoir un sou de cirage, vous prendrez un peu de graisse. Ça ne sera pas si bien, mais ça ne fera pas mal... Ainsi, mes bons amis, c'est bien entendu, souliers noirs et mains blanches.

« Pendant que vous ferez cela, moi je recoudrai un trou qui est au coude de ma soutane. Demain je mettrai un surplis blanc, et puis nous serons tous beaux. »

« Nous avons dit, poursuit M. l'abbé Mullois, que l'une des sources du bien que fait le P. Milleriot est dans son dévouement. Il aime du fond du cœur ces pauvres gens; il a pour eux jusqu'aux délicatesses de la charité, ceux qui en sont témoins ne peuvent y résister. Ainsi il tire presque toutes ses aumônes de la petite bourgeoisie, elle verse sa bourse dans sa main. Je suis heureux de trouver cette occasion de la réhabiliter : on l'a accusée d'être tant soit peu enfoncée dans la matière et dans l'égoïsme; on voit qu'elle ne demande pas mieux que d'être généreuse quand on l'y fait songer.

« Il y a une si grande force dans ce dévouement, dans cette abnégation, qu'il domine même les âmes perverties. Le P. Milleriot avait donné une retraite dans une prison, elle avait produit les plus heureux résultats. Quelques jours après, il retourna visiter ses chers scélérats. Il entre dans la cour (nous avons été témoin du fait), et voilà que tous ces hommes, voleurs, condamnés au bagne, l'entourent, se jettent à son cou, et il les embrasse tous cordialement. On eût dit un père qui se retrouve au milieu de sa famille après une longue absence. Ceux qui avaient les fers aux pieds se hâtaient de venir recevoir un peu de cette bonne affection si rarement témoignée au pauvre prisonnier...

« Il s'adresse toujours aux plus fortes têtes de l'endroit, il va droit aux groupes les plus méchants et les plus hostiles. Ses plus gracieuses paroles sont pour les impies, et il leur donne sur la joue de charmants petits soufflets... Quelquefois on lui dit :

« — Est-ce que vous ne vous rappelez

pas que c'est moi qui vous ai dit des injures l'autre jour?

« — Oh! bien oui, répond-il, des injures! Est-ce que j'ai peur de cela, moi? Au contraire, quand j'en peux attraper une bonne, je la regarde comme une heureuse fortune et je vous en aime davantage; et puis je sais bien qu'au fond vous valez mieux que vos paroles.

« — Et quand il est parti on dit :

« Tiens, voilà un prêtre qui n'est pas comme les autres... il n'est pas dit que je ne me confesserai pas à lui.

« Et presque toujours les effets suivent les paroles, cela doit être.

« Voici une de ces mille industries pour convertir les pécheurs; elle peut être utile en pareille occasion. On vient avertir le P. Milleriot qu'un homme se meurt. Il n'est pas même marié à la mairie, et cependant il est soigné par celle qui est la compagne de sa vie coupable. Depuis, il a chassé deux prêtres, et il menace de frapper celui qui osera se présenter.

« Le P. Milleriot trouve que tout cela est bien peu de chose; il se dirige donc hardiment vers la maison du malade, il entre... A la vue d'une soutane, le pauvre homme se dresse tant qu'il peut. La colère est dans ses yeux; il s'arme d'une canne qui se trouve auprès de lui, et intime au prêtre l'ordre de sortir en le menaçant de le frapper, et sur le champ... Le P. Milleriot le regarde avec un sourire de bonté et lui adresse ces paroles :

« Mon pauvre Monsieur, vous souffrez beaucoup, la fièvre vous dévore; peut-être çà vous soulagerait-il de me donner quelques coups de canne; si çà peut vous faire du bien, ne vous gênez pas, frappez hardiment : quelques coups de bâton de plus ou de moins... On n'en meurt pas!

« Puis il présente son dos et l'ajuste parfaitement a la portée des coups. Mais, inutile de le dire, la canne tombe des mains du malade, il s'attendrit, demande pardon, il se confesse (1)... Après quoi, le P. Milleriot,

(1) Ce trait ressemble fort à un autre que nous avons raconté plus haut, sauf que les coups de canne rempla-

fait venir la femme, la fait mettre à genoux et leur fait jurer à tous deux qu'ils vivront comme frère et sœur. Ils le jurent sincèrement, il leur donne alors à chacun une médaille de la sainte Vierge, en les appelant : *mes enfants.*

« Quelques temps après, le brave homme expirait dans de beaux sentiments.

« J'ai fait souvent cette réflexion : on prépare à grands frais de beaux discours, c'est bien, c'est un devoir ; mais pourquoi ne pas préparer aussi ces paroles et ces actions qui, à elles seules, valent mieux que plusieurs discours? »

cent ici les soufflets. Nous avons lieu de croire néanmoins qu'ils ne doivent pas être regardés comme deux versions d'une même histoire. Dans ses Souvenirs, le P. Milleriot a parfois l'air de se répéter, tant les faits sont semblables. Par exemple, deux fois, à deux dates différentes, il lui arriva de répliquer à la menace qu'on lui faisait de le jeter par la fenêtre : « *Très bien, mon ami, nous sauterons ensemble.* »

X

Dévotion du P. Milleriot au Saint Scapulaire et à la Médaille miraculeuse.

Dieu avait départi au P. Milleriot de grands dons naturels; mais le talent original de l'orateur populaire fut demeuré stérile, s'il n'avait pas été fécondé par la grâce qu'obtient la prière. L'homme de Dieu le savait et, suivant le conseil de saint Paul, il priait sans cesse.

Au commencement de chaque année, quand il se trouvait à Saint-Sulpice, au milieu des ouvriers de la Sainte-Famille ou de la Société de Saint-François Xavier, pour recevoir leurs vœux et leur offrir les siens, il avait coutume de paraître le chapeau sur la tête et, une fois sur l'estrade, de les saluer tous respectueusement. Après quoi il leur disait :

« Mes bons amis, je viens de vous donner un grand coup de chapeau. En voilà maintenant jusqu'à l'année prochaine. Si je vous rencontre dans la rue, je ne vous saluerai pas; n'en soyez point surpris : dans la rue, je ne regarde jamais personne, je prie le bon Dieu; et en allant de Saint-Sulpice à la rue de Sèvres, ou en revenant de ma cellule à l'église, j'ai de cette façon le temps de réciter bien des *Pater* et des *Ave*. »

C'est à la très sainte Vierge qu'il s'adressait de préférence pour obtenir la conversion de ses bien-aimés pécheurs. Au moyen du saint Scapulaire et de la Médaille miraculeuse, il exerçait une douce violence sur le cœur maternel de Marie et s'assurait de sa puissante intervention.

« Que de faits admirables j'aurais à raconter, écrit-il dans ses Souvenirs ! Ne dois-je pas moi-même la vie à mon Scapulaire? Un jour, à la Croix-Rouge, je fus renversé la tête la première par une charrette que je n'avais pas eu le temps d'apercevoir, occupé que j'étais à regarder un pauvre cheval que l'on rouait de coups pour le faire avancer. Au moment où je m'apitoyais sur la malheureuse bête, je me trouvai à terre, excitant à mon tour la pitié. Je devais être écrasé... J'élève rapidement mon cœur à Dieu en formant un acte de contrition, et presque aussitôt j'étais sur mes pieds et je trottais, repoussant l'ami et le sergent de ville accourus pour me ramasser.

« J'ai souvent remercié Dieu de cette préservation providentielle après plusieurs autres chutes que j'ai faites sur le pavé de Paris. »

Pour exciter la confiance de tous envers la Sainte Vierge, le P. Milleriot aimait à raconter l'histoire de celui qu'il appelait : *Mon noyé*.

« Un homme, ayant commis une faute contre l'honneur, redoutait les poursuites de la justice et s'abandonnait au désespoir. Comme il s'ouvrait à moi, je le soutins quelques temps par la fréquentation des sacrements, mais un jour tous mes efforts se trouvèrent inutiles. Il m'aborde et me dit :

« — Mon Père, c'est pour la dernière fois que je viens ; vous ne me reverrez plus.

« — Au moins, mon ami, accordez-moi une grâce ; je vais vous donner le scapulaire, promettez-moi de ne le quitter jamais.

« — Mon père, je vous le promets... Vous avez été si bon pour moi !...

« Et il s'en va. Mais moi, je me disais *in petto* : Mon ami, je te tiens. Tu peux te tuer si tu veux... tu n'en mourras pas.

« Le lendemain, sa tante accourt :

« — Mon Père, votre homme est mourant. Hier il s'est jeté dans la Seine, il s'y est repris à deux fois, il ne sait pas nager et il n'a pu se noyer ; mais il y a gagné une bonne pleurésie. Venez vite. »

« J'y cours. Il avait gardé son scapulaire. Je le confesse, je lui fait recevoir les sacrements. Quelques jours après, il revenait me voir avec un visage rayonnant.

« Notez que, dons sa chute, il n'avait pas même perdu ses lunettes qui étaient restées sur son nez. »

Le P. Milleriot fut témoin de plus d'un fait semblable.

Citons encore un exemple. Une jeune ouvrière, coupable d'une faute grave, profite de l'absence de sa compagne, s'enferme dans sa chambre et s'asphyxie. Le médecin déclare qu'elle est morte. Cependant, rentré chez lui, il est saisi de cette pensée : Qui sait si cette pauvre enfant n'a pas encore un souffle de vie?... Il revient à la hâte; lui applique le fer rouge, et la pauvre fille se réveille de sa léthargie.

« Faut-il s'étonner? disait le bon P. Milleriot. Elle portait le scapulaire, et une fois de plus se vérifiait la promesse solennelle : *In hoc moriens æternum non patietur incendium*. Quelques temps après, Joséphine venait se confesser pour se marier. Je dis Joséphine parce qu'elle m'a permis de prêcher sous ce nom l'admirable préservation dont elle a été l'objet. »

Nul n'ignore quels prodiges n'a cessé d'opérer la Médaille miraculeuse. Le P. Milleriot, qui la donnait à tout le monde, fut bien récompensé de sa confiance sans bornes par les grâces singulières qu'il obtint dans des cas en apparence désespérés.

Nous avons eu l'histoire de son noyé ; voici celle de *son pendu*.

« Dieu m'avait fait la grâce de ramener à lui une femme âgée de quatre-vingt-quatorze ans qui n'avait pas renouvelé sa première communion. Son fils se trouvait lui-même en retard d'une cinquantaine d'années. A chacune de mes visites à la bonne vieille, je faisais entendre à celui-ci quelques paroles pour le rappeler à la pratique de ses devoirs. A la mère et au fils, j'avais donné la Médaille miraculeuse, et tous les deux la portaient. Or il arriva que ce brave et honnête homme fut victime d'une accusation calomnieuse qui n'allait à rien moins qu'à lui ravir l'honneur. Dans son désespoir, il se pendit. Mais, par une protection de Dieu qui tient du miracle, la corde se cassa.

« Averti de son malheur, j'accours.

« — Eh bien! mon bon ami, comment donc avez-vous échappé à la mort?

« — Ne m'en parlez pas, je n'y comprends rien : j'avais pourtant choisi une bonne corde et je m'étais résolument lancé dans le vide.

« Je profitai, bien entendu, de l'occasion pour obtenir de lui une confession en règle, et depuis il est resté un bon chrétien. »

Sur ce sujet, le P. Milleriot était intarissable. « Ecoutez, disait-il, écoutez encore quelques traits remarquables de la Providence, en faveur de ceux qui portent la Médaille miraculeuse.

« Six soldats viennent à la réunion de nos ouvriers avant de partir pour la guerre de Crimée; à chacun d'eux je donne une médaille et j'ajoute qu'elle leur portera bonheur. Ils partent, ils prennent part aux plus chaudes affaires de cette terrible campagne, ils voient tomber autour d'eux une multitude de leurs camarades, et ils reviennent tous les six, sans une seule égratignure.

« Un enfant de quatre ans reçoit la Médaille miraculeuse. Le jour suivant, il tombe du quatrième étage sur le pavé : deux heures après, il courait dans la rue. Je suis allé en personne vérifier le fait. Sa mère était protestante : pleine de reconnaissance pour la sainte Vierge, elle s'est faite catholique.

« Un jeune homme de vingt-deux ans, mon pénitent, tombe du sixième... Le lendemain, il reprenait son travail. Il portait également la Médaille.

« Un homme distingué, par son savoir et par sa naissance, était sur le point de mourir dans un âge fort avancé. Le digne curé de la praoisse se hâte de le visiter.

« — Monsieur le Curé, lui dit le malade, je vous remercie de votre zèle, mais je n'ai pas la foi; je suis voltairien.

« Le bon pasteur se retire en pleurant. Il essaie une seconde visite.

— « Monsieur le Curé, je vous prie de ne plus revenir. »

« On a recours à moi. « Père, si vous y alliez...

« — Moi, après que le saint homme a échoué?... Impossible! Mais si vous voulez m'aider, je vais envoyer au mourant une personne qui n'échouera pas.

« — Et qui donc?

« — La sainte Vierge.

« — Et comment?

« — Faites porter cette Médaille miraculeuse à M. de ***, comme moyen de guérison, en lui suggérant simplement de s'unir aux prières qui seront faites à son intention.

« — Il ne voudra pas...

« — Famille chrétienne, si tous ensemble, vous ne parvenez pas à lui faire porter cette Médaille, je dirai que vous n'avez pas d'esprit.

« On voulut avoir de l'esprit; on parvint à faire agréer le précieux objet. C'était ce que j'attendais. J'étais le condisciple d'un parent du malade. J'obtins de ce dernier d'être reçu comme un ami.

« J'arrive au salon. Les dames présentes s'inquiètent. « Mais mon Père, comment allez-vous vous y prendre?

« — Comment? La chose est à moitié faite.

Précédez-moi, et vous allez être témoins d'une petite scène de cœur.

« J'entre et je remercie tout d'abord le malade de l'honneur qu'il me fait en me recevant. Je le félicite de ses nobles sentiments et de sa bienfaisance pour les pauvres, qui m'était connue. Peu après, à un signal convenu, on me laisse seul avec lui et, me sentant appuyé par la sainte Vierge, je lui fais quelques questions auxquelles il répond avec la simplicité d'un enfant. Enfin, poussant ma pointe, j'obtiens une confession très suffisante, relativement à son état.

« Alors je fais rentrer la famille.

« — Eh bien! cher monsieur, dites aux personnes ici présentes, si vous êtes content.

« — Très content.

« — Avons-nous fait ensemble une bonne petite confession?

« — Certainement.

« — Etes-vous satisfait du pardon que Dieu vous a accordé?

« — Assurément.

« — Eh bien, vénérable ami, permettez-moi ce mot, nous allons achever de vous sauver en vous faisant recevoir le plus grand médecin du monde, le bon Dieu.

« — Très volontiers.

« — Et nous allons vous accorder un privilège que ces dames et moi nous n'avons pas : vous allez communier sans être à jeun. Et pour ce faire, vous recevrez les Saintes-Huiles pour le corps, et la sainte Eucharistie pour l'âme.

« — Tout ce que vous voudrez.

« Le tout se fit avec une grande édification pour les assistants. Le malade gardait toute sa présence d'esprit.

« Peu après, il perdit connaissance. J'y retournai le lendemain, il était dans le même état.

« — Je vais lui faire recouvrer la connaisance, dis-je aux parents. M. de ***, me reconnaissez-vous ?

« — *Parbleu*, si je vous reconnais !

« Je lui suggère les sentiments qui doivent animer un chrétien à ses derniers moments, et je lui donne l'indulgence plénière. Le lendemain il était mort.

« Un colonel, âgé de quatre-vingt-douze ans, était dangereusement malade. On me demande un moyen pour sauver son âme; j'ai recours à mon remède ordinaire, j'indique la Médaille miraculeuse. Le colonel l'accepte ainsi que ma visite. Après les premiers compliments :

« — Mon colonel, lui dis-je, un brave comme vous, qui n'a jamais eu peur de l'ennemi ni du canon, n'aura pas peur de recourir au bon Dieu pour obtenir sa guérison.

« — Non, certainement.

« — D'ailleurs, vous paraissez la franchise même. Eh bien, voyons, je suis persuadé que vous avez fait votre première communion!

« — Oui, certes; j'avais douze ans à cette époque.

« — Fort bien; et depuis, vous ne l'avez pas renouvelée?

« — Non.

« — Voilà, colonel, un retard de soixante-dix ans. Or il n'y a pas de temps devant Dieu. Soixante-dix ans pour lui sont comme soixante-dix jours.

« — C'est vrai !

« Je poursuis mon interrogatoire et je finis par lui dire :

« — Votre confession est déjà faite. »

« Mais il y avait l'enfer, dont on lui avait parlé précédemment, pour l'effrayer et le convertir.

« — Oui, mais ils m'ont parlé de l'enfer...

« — Colonel, il n'y a d'enfer que pour ceux qui en veulent. Vous n'en voulez pas plus que moi ?

« — Certainement non.

« — J'espère donc qu'il n'y en aura ni pour vous ni pour moi.

« Je lui propose alors une petite neuvaine de prières pour le bien de son corps et de son âme. Il y consent volontiers. Avant de le quitter, je lui fais promettre de ne pas quitter sa Médaille. Il me le jure.

« — Elle vous portera bonheur, ajoutai-je en me retirant. »

« Je fus, cette fois, prophète au-delà de mon espérance. Le vieillard se remit peu à peu. Quelque temps après, on vient me chercher en toute hâte.

« — Accourez, le colonel a voulu sortir. Il vient d'être renversé sur la voie publique par choc d'une voiture.

« J'y vole, et je trouve un homme qui pour tout mal, n'avait qu'une bosse à la tête.

« — Colonel, c'est la sainte Vierge qui vous a sauvé.

« — Je le crois.

« Alors je le confesse. Quelques jours plus tard, il allait encore se promener. Ce n'est pas tout; il retombe malade. A l'occasion de Pâques, je lui porte la sainte Communion; il guérit de nouveau. Six mois après, il était mourant. Je vais le voir et je rencontre le médecin dans l'escalier.

« — Docteur, que pensez-vous du malade?

« — Oh! c'est fini; il a le hoquet, il va mourir dans les vingt-quatre heures.

« — Eh bien, docteur, avec votre permission et sans vous faire tort, je vais recourir à un médecin encore plus habile que vous, au Bon Dieu.

« — Essayez.

« Et le moyen réussit, cette fois encore. Le colonel vécut plusieurs mois, après lesquels il s'endormit paisiblement dans le Seigneur. »

XI

Dévouement à la Sainte Église et au Pape
Le sapeur pompier des âmes.

Le fidèle serviteur de Marie, fort de sa filiale confiance tant de fois récompensée, ne pouvait se faire à l'idée que cette Mère divine lui refusât quelque chose. Quant, après avoir bien prié la sainte Vierge, l'événement ne tournait pas au gré du bon Père, il se permettait de lui faire d'humbles remontrances; *il la grondait* avec cette familiarité dont les saints usent envers Dieu lui-même. Et pour s'excuser de cette prétendue irrévérence, il disait aux braves gens auxquels il ouvrait son âme : « Mes amis, veuillez m'écouter. Pendant de longues années avant la définition de l'Immaculée

Conception, j'ai offert à Dieu toutes mes messes libres pour obtenir la proclamation solennelle de ce dogme de foi. Je disais à la sainte Vierge : Ma bonne Mère, je ne vaux rien, mais Notre-Seigneur que j'ai offert si souvent sur l'autel à votre intention vaut bien quelque chose, n'est-il pas vrai?... Une fois le décret rendu, j'ai donc pu me féliciter sans trop de témérité d'y avoir un peu contribué, et je m'en suis réjoui avec vous. Aussitôt après, j'ai célébré toutes mes messes libres pour le triomphe de la sainte Eglise et à l'intention du Pape infaillible. Le concile œcuménique a défini ce grand privilège du vicaire de Jésus-Christ. C'est vous, Vierge sainte, qui l'avez obtenu de la bonté divine, et c'est fort bien. Mais permettez-moi un mot : puisque depuis lors j'offre de nouveau tant de messes pour la délivrance de l'auguste captif, votre protégé, pourquoi le laissez-vous languir si longtemps? Ne m'est-il pas permis de vous gronder tout bas? Voilà mes amis, mon excuse. Qu'en pensez-vous? »

Le dévouement que le P. Milleriot avait envers la sainte Église et son Chef, il l'inspirait de la sorte à tous ceux qu'il dirigeait. Ces braves gens, touchés des malheurs du Saint-Père, s'imposaient, pour lui venir en aide, des sacrifices bien minimes en apparence, mais qui, si l'on y regarde de plus près, ont quelque chose d'héroïque dans leur simplicité.

« Un vieillard de quatre-vingt-trois ans, racontait le P. Milleriot, vint me trouver un jour à Saint-Sulpice. Sa mise était plus que modeste.

« — Mon père, me dit-il, voici trois francs que je vous apporte pour le denier de Saint-Pierre.

« — Mon ami, vous faites là une belle action qui sera récompensée par le bon Dieu ; et d'autant plus que vous ne me paraissez pas être un millionnaire.

« — Il est vrai ; je ne suis pas riche, mais j'ai du cœur, j'aime Pie IX et j'ai fait cette petite économie sur ma bouche.

« — Digne homme! n'est-ce pas un peu trop de privation? Voulez-vous de cette somme faire deux parts, une pour le Pape et l'autre pour vous, afin de ne pas manger votre pain trop sec?

« — Non, tout pour le Pape.

« Je dus accepter. Mais j'ajoutai : Il me vient une pensée. Une âme aussi généreuse doit avoir sa place marquée au ciel. Vous avez la religion du cœur, c'est la meilleure. Que pourrait-il vous manquer encore? Dites, bon père, peut-être sommes-nous un peu en retard pour nos devoirs religieux?

« — Oh! sans doute; mais cela viendra plus tard.

« — Eh quoi! pourquoi plus tard? Qui sait ce qui peut arriver? Pourquoi pas aujourd'hui? N'avez-vous pas fait votre première communion?

« — Assurément, je l'ai faite.

« — Eh bien, c'est déjà quelque chose; mais ne seriez-vous pas éloigné des sacrements depuis cette époque?

« — Il est vrai; je n'ai pas renouvelé

ma première communion. Mais... Je ne suis pas venu pour me confesser.

« — Je le sais bien ; mais avec un homme comme vous la chose est facile.

« — Mon Père, je ne suis pas préparé.

« — Soit ; mais moi, je suis tout prêt à vous entendre. Tenez, mon bon ami, croyez-moi, laissez-moi vous faire seulement quelques questions ; repondez par *oui* ou par *non*, et tout à l'heure vous serez bien content.

« Comme il gardait le silence, je compris que je pouvais pousser ma pointe. Je lui fis alors les questions d'usage, il y répondit avec une grande simplicité. La confession était faite ; il ne s'agissait plus que de la terminer sacramentellement et de faire naître dans cet âme naïve la contrition nécessaire.

« Le bon vieillard entra de lui-même dans les sentiments que je lui suggérais et il se soumit à tout avec la docilité d'un enfant. Aussi quelle ne fut pas sa joie !

« — Ah ! mon bon père, disait-il, que je

suis heureux! quelle bonne confession, quelle grâce que l'absolution reçue! Oui, c'est le plus beau jour de ma vie!

« Et il s'en allait, les yeux baignés de larmes, et moi, j'étais heureux de son bonheur. »

Ce brave homme avait apporté l'obole du pauvre; le P. Milleriot, accomplissant la promesse de Dieu dans l'évangile, lui avait rendu le centuple. Jamais il ne négligeait l'occasion d'instruire, de réconcilier, de convertir. Quand les âmes ne venaient pas à lui, à l'exemple du bon Pasteur, il courait à leur poursuite et ne s'arrêtait pas avant de les atteindre.

Un jour une personne arrive en toute hâte au confessionnal du P. Milleriot.

— Mon père, venez vite, lui dit-elle; un homme se meurt ici près; c'est un sergent de ville et il consent à vous recevoir.

Il part aussitôt, en disant aux personnes qui attendaient leur tour :

— Un petit moment de patience, je ne

tarderai pas à revenir; priez tous pour le salut d'un mourant. »

Mais laissons-le poursuivre le récit.

« Je traverse la place de Saint-Sulpice, j'enfile la rue du Vieux-Colombier; je force la marche sans pourtant oser courir, me rappellant la règle de modestie qui nous dit : « Que la marche ne soit pas précipitée, à moins d'une grande nécessité; et même dans ce cas, il faut garder le *decorum*. » Au milieu de ces pensées, je rencontre un détachement de sapeurs-pompiers courant avec tout leur équipage pour éteindre un incendie qui s'était déclaré dans le voisinage. A cette vue je me dis à moi-même : Hé quoi! voilà des hommes qui courent pour éteindre l'incendie matériel, et moi je ne courrais pas pour éteindre l'incendie des âmes! Cours, *Sapeur pompier des âmes*, cours éteindre le feu qui menace de dévorer une âme rachetée du sang de Jésus-Christ.

« Aussitôt je précipite ma course, tâchant toutefois de courir modestement. J'arrive juste aux derniers moments du mourant. La confession ne fut pas longue. Je n'eus que le temps strictement nécessaire pour lui faire immédiatement recevoir les derniers sacrements par les mains du prêtre de garde. Alors je revins triomphalement à mon confessionnal où je retrouvai mes ouailles que je remerciai du cóncours qu'elles m'avaient prêté par leurs prières. »

XII

La Société de Saint-François-Xavier, la Sainte Famille.

Durant sa longue vie, toute dévouée au bien spirituel et matériel des petites gens, le P. Milleriot a été l'âme de deux œuvres admirables; tous ceux qui l'ont connu les nomment avec nous : c'est *la Société de Saint-François Xavier* et *la Sainte Famille* de Saint-Sulpice.

La Société de Saint-François Xavier, association chrétienne de secours mutuels en faveur des ouvriers, avait ses réunions, tous les premiers dimanches du mois, rue de l'Ouest, 36, dans la chapelle de *Notre-Dame des Bonnes Œuvres,* fondée par le vénérable M. Hamon, curé de Saint-Sulpice. Le P. Milleriot était le directeur spirituel ; le président laïque était l'excellent M. Gaillardin, savant professeur d'histoire, homme d'une vertu modeste et d'un zèle aussi prudent que généreux. Sept à huit cents hommes se faisaient un devoir d'assister à toutes les séances, vivement intéressés par une succession variée d'instructions morales et religieuses, de chants populaires et de morceaux de musique, de loteries et de distributions de récompenses. La bonne tenue de tous ces hommes, l'attention qu'ils prêtaient aux allocutions familières qu'on leur adressait, la communication qui s'établissait aussitôt entre l'orateur et l'auditoire si bien faits l'un pour l'autre, tout cet ensemble démontrait jusqu'à l'évidence que le peuple de Paris est beaucoup moins éloigné de la religion qu'on ne le dit communément. Le tout est de le bien prendre, de saisir habilement ses bons côtés, de parler à son bon sens, à son imagination, à son cœur, de réveiller en lui les sentiments de foi qui sommeillent depuis la première communion et l'école des Frères.

C'est à quoi, nous l'avons vu, le P. Milleriot s'entendait à merveille.

M. Louis Veuillot, qui eut jusqu'à la fin pour le vénérable religieux la plus profonde estime, a raconté dans son journal (1) un trait édifiant qui met en lumière la générosité naturelle de ces hommes du peuple, si bons, si spontanément dévoués, quand ils échappent à la contagion des mauvaises doctrines et des utopies révolutionnaires.

Le président rendait compte de l'état de l'OEuvre, de ses ressources financières et particulièrement des avantages qui lui revenaient du produit d'une quête faite à Saint-Sulpice. S'inspirant des dispositions bien connues de ces braves gens, et après avoir recueilli les avis des membres du bureau qui les dirigent, il proposa à l'assemblée de prélever une somme de 100 francs sur les économies de la caisse, pour être envoyés aux pauvres ouvriers cotonniers de nos

---

(1) *L'Univers*, 1ᵉʳ février 1862.

départements, alors cruellement éprouvés. A peine cette proposition fut-elle émise, qu'une acclamation universelle fit comprendre que les associés de Saint-François Xavier avaient été bien jugés ; mais au même instant une multitude de voix s'écrièrent : « Ce n'est pas assez ! ce n'est pas assez ! »

Vainement le P. Milleriot essaya-t-il de leur jeter ces paroles :

« Mes amis, j'applaudis vivement à vos bons sentiments, je proclame bien haut la générosité de votre cœur ; mais nous devons, malgré vous, prendre les intérêts de votre caisse. » Sa puissante voix fut bientôt couverte par des cris nombreux : « Doublez la somme ! » Quelques-uns même demandaient que l'on prélevât 500 francs pour la bonne œuvre. Mais la prudence ne le permettait pas. Alors M. Gaillardin, ayant mis aux voix la somme de 200 francs, une salve d'applaudissements accueillit la proposition. On fit plus encore ; on proposa d'affecter au même objet la modeste quête qui a lieu à chaque réunion pour les besoins de l'OEuvre. Nouvelle approbation, nouveaux applaudissement. Séance tenante, on passe dans les rangs, on présente la bourse, et une nouvelle somme de 100 francs est immédiatement recueillie. Grande est alors la joie de tous, c'est un véritable enthousiasme, c'est une émotion générale. Des hommes du monde présents à cette scène disaient, les larmes dans les yeux : « Pourquoi les journaux ne mentionneraient-ils pas des faits semblables qui honorent si fort le caractère français, l'humanité et la religion. » — « Voilà ce dont nous avons été témoin, écrivait le rédacteur en chef de *l'Univers*, et nous croyons utile de le faire connaître à tous ceux qui ont un esprit pour comprendre et un cœur pour sentir. »

C'est dans cette Société de Saint-François Xavier, établie sur la paroisse de Saint-Sulpice, que Pierre Olivaint, encore professeur de l'Université, fit ses premières armes. Plus tard, recteur du collège de Vaugirard, il fonda une œuvre semblable, à laquelle il consacrait le peu de loisir que lui laissaient d'innombrables occupations. Aussi, quand il fut nommé supérieur de la maison de la rue de Sèvres, avec quelle sympathie suivit-il les heureux progrès de l'œuvre du bon P. Milleriot !

Quant à la *Sainte-Famille*, voici comment vers la fin de sa vie, en parlait son humble et zélé directeur.

« Depuis trente ans et plus, je suis directeur d'une association de bonnes gens peu fortunés : c'est un composé d'hommes et de femmes, ouvriers et ouvrières, domestiques et autres. On l'appelle *la Sainte-Famille*, « Bienheureux les pauvres, a dit Notre-Sei-« gneur, parce que le royaume des cieux est « à eux. » Cet oracle se vérifie dans cette pieuse réunion. Depuis sa fondation, combien de retours à Dieu ! Combien de morts chrétiennes ! La Sainte-Famille et la Société des ouvriers de Saint-François Xavier, dont je suis également chargé, voilà deux œuvres dont j'ai pu dire au respectable M. Hamon, quand il a été proposé à la cure de Saint-Sulpice : « Ce sont les deux plus beaux fleurons de votre couronne. »

« Rendons ici justice aux bons prêtres, ses dignes coopérateurs. Depuis longtemps déjà, dans cette paroisse modèle, le bien se fait dans une proportion croissante. Toutes les catégories ont été saisies, pour ainsi dire : les vieillards sans ressources, par l'établissement des Petites-Sœurs des pauvres; les apprentis, par les patronages; les hommes du monde, par la confrérie du Saint-Sacrement. Ecoles du soir pour les ouvriers, orphelinats pour les jeunes filles, réunions de jeunes gens, etc., tout a été comme envahi par le zèle. Toutes ces œuvres se complétant et se soutenant les unes les autres et, à la tête du mouvement, le vénéré pasteur dirigeant et dominant tout par sa douce influence et l'édification de sa vie. Aussi, quelle bien opéré! et puis quelles ressources abondantes et quelles contributions volontaires! Mais revenons à la Sainte-Famille.

« Dès le principe, les choses ont été constituées à peu près comme elles sont demeurées depuis : la sainte messe, une instruction religieuse par le directeur, une allocution morale par un prêtre ou un laïque, la loterie tirée au sort, le tout entremêlé de chants pieux et d'avis en rapport avec les circonstances du moment. »

Le P. Milleriot était surtout admirable à l'époque de la retraite annuelle de la Sainte-Famille, qui s'ouvrait à Saint-Sulpice pendant la huitaine qui précédait la fête de l'Assomption.

Avant l'instruction, il semblait être partout à la fois, veillant au placement des nombreux retraitants, montant à chaque instant dans la chaire pour donner de nouveaux avis, faisant le tour des bas-côtés, pour dépister dans le moindre recoin les hommes qui n'osaient se montrer, les prenant familièrement par le bras, les embrassant même et les menant ainsi tout doucement jusque dans l'enceinte aux meilleures places.

Parfois, en parlant à tous ces braves gens,

il paraissait céder à un entraînement passionné ; mais il s'arrêtait toujours à temps. Le digne et dévoué président de l'OEuvre, M. de la Villeboisnet, se montrait, en ces circonstances, un peu inquiet de ce que le bon Père allait dire ; mais celui-ci avec son bon sourire, se penchait vers lui et lui disait à l'oreille : « N'ayez pas peur, mon cher ami, même quand je m'emporte, je sais jusqu'où je veux aller ! »

Dans une lettre adressée au T. R. P. Beckx, général de la Compagnie de Jésus, le 31 janvier 1867, le vénérable religieux complète ces détails par quelques chiffres qui ont bien leur éloquence. « La Sainte-Famille, écrit-il, est un composé d'ouvriers, d'ouvrières, de pauvres ; 2,000 pénitents environ ; 20,000 confessions par an, l'un portant l'autre, presque toutes de personnes en retard depuis bien des années. Le T. R. P. Roothaan (1) a bien voulu me dire à ce sujet : « Ne soyez

---

(1) Prédécesseur du R. P. Beckx.

jaloux de personne dans la Compagnie : vous « avez la bonne part. » — Vous me connaissez à fond, mon Révérend Père; vous savez ce que je vaux et ce que je ne vaux pas. Je ne suis pas un prédicateur dans le sens qu'on attribue ordinairement à ce mot. Les stations d'Avent et de Carême ne sont pas mon affaire. Il me faut la réunion du soir, le peuple, les masses... Jusqu'ici mes forces se sont assez bien soutenues; dans le cours ordinaire des choses, je puis travailler quelques années encore. »

Quand il traçait ces lignes, le P. Milleriot avait près de soixante-six ans. Il ne songeait point au repos; après saint Martin, il disait : *Non recuso laborem*. Ce n'est que quinze années plus tard qu'il fut contraint, par le complet épuisement de ses forces, de renoncer à ses chères œuvres.

Voici la lettre qu'il écrivait, en cette circonstance, à M. le Curé de Saint-Sulpice.

Paris, 16 mars 1880.

Monsieur le Curé,

Il y a trente-six ans révolus que je suis chargé de la Sainte-Famille. Aujourd'hui mes forces n'y peuvent plus suffire. Je me vois donc obligé d'y renoncer.

Les mêmes raisons de santé et mon grand âge — quatre-vingts ans passés — m'obligent également à renoncer à la direction de l'Œuvre de Saint-François Xavier, après trente-deux ans de soins assidus. Vous n'aurez pas, M. le Curé, une grande difficulté de me faire remplacer par un de vos Messieurs. Quant à moi, il me restera le ministère des confessions que j'espère reprendre bientôt.

Puissé-je aussi consacrer mes derniers jours à me disposer à paraître devant Dieu.

Votre pauvre vieux serviteur en Jésus-Christ.

Milleriot, S. J.

XIII

**Caractère du P. Milleriot : bonté, énergie.
La Commune**

Le lecteur qui a bien voulu parcourir ces pages peut maintenant, si je ne me trompe, se faire une idée assez exacte du caractère de l'homme et de la vertu du religieux. Qu'on me permette cependant de donner encore quelque coups de crayon à ce portrait que je voudrais rendre le plus ressemblant possible. Aussi bien c'est le P. Milleriot qui continuera à se peindre lui-même.

Un jour, dans une de ses exhortations à la Sainte-Famille, il avait commenté un mot charmant de saint François de Sales. On parlait au bienheureux d'un homme d'une grande piété auquel on n'avait qu'un reproche à faire : il avait l'air un peu triste. « Ah ! dit l'évêque de Genève, si c'est un saint triste, c'est un triste saint. » L'auditoire avait très bien compris la leçon que le P. Milleriot entendait tirer de son histoire, à savoir qu'il faut servir le bon Dieu joyeusement. Il en donnait l'exemple.

Une bonne femme en particulier ne l'oublia pas. Marchande de fil et d'aiguilles, elle promenait sur une petite voiture sa provision ordinaire dans la rue du Bac, modulant de sa plus belle voix sa chanson : « Achetez du fil, achetez des aiguilles », quand elle aperçoit le bon Père de l'autre côté de la rue. Alors, sur le même air, elle poursuit : « Un saint triste est un triste saint ; c'est le P. Milleriot qui l'a dit. » Les passants se mirent à rire et le Père aussi.

Il était, lui, un saint joyeux.

Comme il entrait, une fois, au confessionnal avec un peu de précipitation, il se heurta violemment contre la porte et se fit une bosse au front. On s'empresse autour de lui, mais le bon Père voyant l'affluence de pénitents qui l'entourent, se contente de dire en riant : « Laissez, laissez, ce n'est rien : j'aime à me donner *une bosse de confession.* » Et il ajoutait ensuite, en racontant l'aventure et en s'excusant de l'expression un peu vulgaire dont il s'était servi : « Je suis Bourguignon, mais je vaux un Breton; les blessures à la tête ne sont pas pour moi dangereuses. »

Il en allait tout autrement, quand il voyait souffrir autrui. Son cœur était alors d'une sensibilité extrême.

« Je sortais de Saint-Sulpice, racontait-il un jour. Un peu fatigué, j'avais pris pour rentrer à la maison le chemin des écoliers, Le long de la grille du Luxembourg, je rencontrai un petit garçon d'environ douze ans qui portait sur son dos une énorme glace qui pesait au moins 30 kilos. Le pauvre enfant suait à grosses gouttes et paraissait succomber à la fatigue.

« — Mon petit ami, où portez-vous cette glace si pesante?

« — A l'autre bout de Paris.

« — C'est impossible, mon pauvre petit, vous tomberez sous le faix.

« — Il le faut bien cependant : sans cela, mon patron me renverrait et ma mère me battrait. J'ai déjà attrapé une hernie à porter des fardeaux, mais c'est égal il faut marcher...

« Emu de compassion, j'avisai un commissionnaire et lui offris, moyennant rétribution, de se charger de la glace. J'eus cependant toutes les peines du monde à faire accepter ma proposition à ce pauvre petit. Enfin, j'en vins à bout en lui glissant dans la main une pièce de quarante sous pour ses menus plaisirs. Alors je le vis suivre le commissionnaire d'un pas allègre et le visage tout joyeux. J'espère que cet enfant se souviendra qu'un prêtre a été bon pour lui, et un jour peut-être ce souvenir lui portera bonheur. »

Comme on le voit, la pensée surnaturelle

de Dieu et des âmes lui était toujours présente, même en des actes qui semblaient inspirés par le mouvement spontané du cœur. Il aimait beaucoup ce mot qu'il avait entendu dire à Mgr de Quélen : « Il y a des hommes qui n'ont besoin que *d'un coup de pouce* pour être amenés à la pratique de la religion. » A l'occasion il ne manquait pas de donner le coup de pouce, et Dieu faisait le reste.

Les cruelles épreuves de la Commune, loin d'abattre son courage ou de paralyser son zèle, allumèrent au cœur du P. Milleriot une ardeur toute guerrière; dans le prêtre il y avait du soldat.

Par l'ordre du pouvoir insurrectionnel, l'église de Saint-Sulpice avait été fermée et gardée à vue. Les fédérés croyaient ou feignaient de croire que *les Versaillais* avaient des agents ou des espions cachés dans les caveaux. Le P. Milleriot ne vit aucun motif pour changer ses habitudes : il se présente hardiment devant les portes closes. Après quelques tentatives infructueuses pour ouvrir, il tombe sur un groupe de gens à figures sinistres, qui composaient une sorte de poste du côté de la rue Servandoni. Il parlemente en vain; on le repousse, on le menace?

— Qui êtes-vous?

— Le Père des ouvriers; je tends la main aux riches pour aider les pauvres... D'ailleurs, croyez-moi, je ne suis pas un *capon; je me déguise en prêtre*, comme vous voyez, pour assister les braves gens.

— Retirez-vous, sinon...

— Allons, les amis, est-ce que par hasard vous auriez l'idée de me fusiller? A quoi bon? Un vieux comme moi, qui vais avoir bientôt soixante-douze ans... Qu'est-ce que vous feriez de ma peau? Elle n'est même pas bonne à couvrir un tambour.

Cela dit, il les salue amicalement et s'en va de son pas vigoureusement marqué.

Les fédérés applaudirent, et leur capitaine ne put s'empêcher de dire à ses gens :

« — C'est égal, voilà un brave homme; laissez passer. »

Autre aventure du même temps, que le P. Milleriot va nous raconter lui-même.

« C'était le 24 mai. Depuis six semaines, j'avais été obligé de quitter ma communauté, et de chercher un asile chez des amis. Je me trouvais dans un grand embarras. Absent momentanément de ma demeure pour les fonctions de mon ministère, il me fallait y rentrer. Je passais dans la rue de Sèvres ; les balles sifflaient de tous côtés. Je me jette dans la première cour dont je vois la porte entr'ouverte, et là, j'attends une heure ou deux, épiant le moment favorable pour en sortir avec moins de danger. Effectivement je profite d'un instant de répit, et je me sauve dans la rue du Cherche-Midi. J'arrive au corps de garde en face la prison militaire, et m'adressant à un caporal fédéré :

« — Ami, lui dis-je, donnez-moi deux de vos hommes pour m'accompagner. J'ai à voir la femme mourante d'un de mes ouvriers, et elle me demande pour lui porter quelque consolation.

« Après une certaine hésitation :

« — Eh bien! dit-il, citoyen, c'est moi qui vais vous accompagner avec un de mes hommes.

« Et nous partons. Derrière moi, une pauvre femme en pleurs semblait réclamer ma protection.

« — Mon mari est malade, disait-elle, laissez-moi passer pour l'aller voir.

« — Suivez-moi, lui dis-je, ma petite, et n'ayez pas peur. Nous passerons tous les deux. Et tout ira bien. Y a-t-il quelque danger, fis-je à mes gens?

« — Venez toujours : quand il y aura lieu, nous vous avertirons, et vous baisserez le dos.

« Qui fut dit fut fait. Nous avançons. Nous arrivons place Saint-Sulpice. A un signal donné, nous baissons le dos, bientôt je rentre sain et sauf dans ma demeure; je fais boire mes sauveurs à ma santé, et après une juste gratification nous nous quittons les meilleurs amis du monde. Mais plusieurs de mes ouvriers et ouvrières m'avaient vu passer entre deux gardes nationaux.

« — Hélas! disaient-ils, voilà qu'on emmène aussi en prison notre pauvre P. Milleriot.

Comme on le voit, c'était moi, au contraire, qui les emmenais. Mais l'alarme était au camp, et les esprits étaient frappés. Quelques jours après, j'étais paisiblement assis auprès de mon confessionnal, récitant mon bréviaire, une bonne femme m'aborde et, toute effarée, m'adresse cette parole incroyable, vraie pourtant :

« — Mon Père, c'est-il vrai qu'on vous a fusillé?

« — Hélas! oui, ma pauvre fille, répondis-je en riant; mais surtout n'en dites rien à personne. »

Un jour, — c'était encore pendant la Commune, — le P. Milleriot faisait à l'ordinaire la visite de ses malades. Il marchait, les mains dans ses larges manches, murmurant quelques prières, quand il croise un monsieur de haute taille, de tournure distinguée, très correctement vêtu, qui le salue en passant. Le Père, un peu étonné, s'arrête, ôte son chapeau, va droit au monsieur et, lui prenant la main de peur qu'il n'échappe, il lui dit à brûle-pourpoint, en homme qui ne veut pas perdre une bonne occasion :

« Pardon, *mon digne monsieur*, avons-nous fait nos Pâques, cette année ?

« — Oui, mon Père.

« — A la bonne heure, voilà qui va bien ; continuons ! »

Et là-dessus, le P. Milleriot, bien rassuré sur le sort de ce bon chrétien, poursuivit sa route.

Or *le Monsieur* était tout simplement M. l'abbé d'Hulst, depuis vicaire général de Paris et recteur de l'Institut catholique, qui, pour remplir les devoirs de son ministère, avait dû revêtir l'habit laïque. L'histoire fut contée au Supérieur de la rue de Sèvres, qui avertit en riant le P. Milleriot de sa méprise.

« — Tant pis pour moi, répliqua-t-il, si j'ai fait une sottise ; je vous avoue bien que je n'en ai pas du tout la contrition. »

Quand l'armée française rentra enfin dans Paris, le P. Milleriot ne put rester enfermé chez l'ami qui lui donnait asile, rue d'Assas. Il y avait des blessés et des mourants à consoler, à absoudre; il courut dans la direction du Luxembourg. Tout à coup la poudrière qui s'y trouvait depuis le siège fait explosion, c'est un vacarme effroyable, toutes les vitres volent en éclats, plusieurs personnes sont atteintes, d'autres renversées. Le Père en est quitte pour une pluie de morceaux de verre sur son chapeau; pas une égratignure. Il regagne sa chambre qu'il venait de quitter, et qu'elle n'est pas sa reconnaissance envers Dieu! Tout était brisé par l'explosion. S'il était resté quelques instants de plus chez lui, il était mort ou grièvement blessé. — Il a consigné ce souvenir à la suite d'autres faveurs de la Providence dont il avait été l'objet, afin d'exciter chez autrui la confiance que lui-même avait envers Dieu.

XIV

Le Proscrit. — Derniers jours du P. Milleriot.

L'exécution des décrets du 29 mars porta au P. Milleriot un coup dont il ne devait pas se relever. Certes, au moment de l'expulsion, son courage ne fléchit pas; il se montra tel qu'on l'avait vu, dix ans plus tôt au temps de la Commune, dont l'œuvre odieuse était reprise avec la même violence et l'hypocrisie en plus.

Le 30 juin, les exécuteurs de cette triste besogne étaient à l'œuvre depuis quatre heures du matin. La résidence de la rue de Sèvres avait été envahie, la porte brisée, malgré les protestations indignées d'un grand nombre de sénateurs, de députés et d'autres personnages accourus pour défendre avec les droits de la conscience religieuse, toutes les libertés civiles odieusement violées. Chaque fois qu'un Père apparaissait sur le seuil, au bras d'un de ses généreux *témoins*, la rue retentissait des cris : *Vive les Jésuites! Vive la liberté!* Les sergents de ville ne savaient que faire, ayant, par extraordinaire, pour eux la canaille et contre eux les honnêtes gens. Les deux commissaires de police, pâles, embarrassés, balbutiaient, hésitaient, semblables à ceux qu'ils ont l'habitude de saisir au collet, en flagrant délit d'escalade et d'effraction. M. le préfet de police, qui en est maintenant à s'excuser devant ses électeurs de l'acte criminel auquel il présidait alors d'un cœur léger (1), s'efforçait de prendre une attitude menaçante, qui n'effrayait personne. La scène traînait en longueur; il était environ sept heures quand, tout à coup, le P. Milleriot, le chapeau sur la tête, le parapluie sous le bras, se montre

---

(1) Lire le discours prononcé par M. Andrieux, devant ses électeurs de l'Arbresle.

dans la petite cour intérieure envahie par les gens de police. Son air est sévère, son regard plus vif que jamais, sa parole ferme, un peu saccadée. Je le vois, je l'entends encore. On comprend qu'il a peine à contenir l'indignation prête à déborder.

— Place, dit-il, je suis d'une demi-heure en retard, il faut que j'aille à Saint-Sulpice.

Les pauvres sergents de ville s'écartent respectueusement, et quand nous leur disons : *c'est le P. Milleriot*, la manière dont ils le suivent du regard jusque dans la rue montre assez que ce nom, pour plusieurs, n'est pas celui d'un inconnu.

Chassé de sa pauvre cellule, le P. Milleriot trouva un refuge rue de la Chaise; de sa fenêtre il apercevait sa chère maison, fermée et déserte. Rien pourtant ne fut changé dans sa vie; il continua à se lever à trois heures du matin et même avant. Comme il avait soin de renouveler cette permission tous les mois, son supérieur lui dit un jour :

— A quoi bon, mon Père? Cela vous fatigue trop.

— Sans cela, répondit-il, je ne pourrais avoir mes *deux heures* de méditation avant la messe que je dis toujours à cinq heures; c'est nécessaire.

— Du moins modifiez un peu votre régime. Votre déjeuner ne me plaît pas; vous prenez, debout, un peu de café noir sans pain. A souper, vous vous contentez d'un peu de soupe avec des légumes ou du fromage. C'est comme cela que je jeûne, moi.

— Moi pas. Je suis dispensé du jeûne à cause de mon grand âge; mais il y a vingt ans que je fais comme cela. Je continuerai jusqu'au bout, si vous le voulez bien.

Quelques mois seulement avant sa mort, le P. Milleriot, déjà bien affaibli par la maladie, venait voir un de ses anciens élèves de Stanislas, devenu l'un des agents les plus actifs et les plus intelligents de toutes les bonnes œuvres de Paris; il avait à l'entretenir d'une affaire de charité qui lui tenait fort à cœur. Son épuisement était si grand que, contre son habitude, il avait dû prendre une voiture. Il arrive pâle, haletant, à bout de forces, mais sans laisser échapper une plainte; et, comme à la fin de l'entretien, le maître et la maîtresse de la maison, émus et effrayés de l'état de faiblesse où ils le voyaient, lui proposaient un biscuit trempé dans un peu de vin pour le réconforter :

— Mes enfants, leur dit-il, avec un accent qui n'appartenait qu'à lui, il y a plus de cinquante ans que le P. Milleriot n'a eu soif entre ses repas.

Et il s'en alla sans avoir rien voulu prendre.

Ses forces déclinaient d'une manière frappante. Lui demandait-on de ses nouvelles, il répliquait :

— C'est inutile, ne parlons pas de moi, cela nous ferait perdre du temps.

Si l'on essayait de faire allusion aux tristes événements du 30 juin :

— Ne parlons pas de ça, disait-il avec quelque précipitation.

A un jeune homme qui, dans l'élan de son indignation, lui avouait qu'il était incapable, en prononçant certains noms, de contenir sa colère, il ne put, une fois, s'empêcher de répondre :

— Oh! je comprends cela, vous n'êtes pas le seul.

Mais il ajouta aussitôt :

— Prions pour eux, prions pour eux! Qu'il s'en convertisse au moins un sur mille. C'est si difficile, après ce qu'ils ont fait, avec ce qu'ils font!

En revenant, le soir, de Saint-Sulpice, il prenait son chemin habituel par la Croix-Rouge et, au lieu d'incliner à droite, vers la rue de la Chaise, il suivait la rue de Sèvres jusqu'au n° 35, s'arrêtait un moment devant la porte de la chapelle, au seuil de laquelle, chaque jour, depuis un an, des mains pieuses jettent des fleurs; puis, gravement, tristement, il regagnait la chambre du proscrit.

Quand il ne put plus marcher, il se fit porter en voiture jusqu'à l'église, et il se traînait, comme il pouvait, à son confessionnal. Le médecin avait essayé de s'y opposer. Le bon vieillard, pour avoir raison de la science, recourait à la poésie et répliquait au docteur par ce quatrain joyeusement improvisé pour la circonstance :

>Confesser est ma vie,
>Non confesser, ma mort ;
>Permettez, je vous prie,
>Que je ne meure encor.

XV

Une sainte mort.

'Hélas! la mort approchait à grands pas. Il la prévoyait plus qu'il ne voulait bien dire. Sur ce *Journal de ses ministères* qu'il tenait fidèlement à jour depuis quarante ans, je trouve, vers la fin de l'année 1879, une sorte de total général où je relève ce chiffre.

Confessions entendues.. . 705,300

De sa vieille écriture, encore fine et déliée, mais maintenant toute tremblante, il écrit : « Quatrième trimestre, 1880... Total des confessions de l'année : 19,000. »

Et plus loin : « Année 1880... 3 malades... 300 francs d'aumônes... »

La dernière pensée de ce moment fut pour *ses chers malades et ses chers pauvres.*

Au mois de février 1881, le P. Milleriot dut garder la chambre et bientôt le lit. Son supérieur resta presque constamment au chevet du vénérable religieux, et c'est lui qui va nous raconter les derniers épisodes de cette sainte vie couronnée par une sainte mort. A ces notes, écrites au jour le jour, nous ne voulons absolument rien changer; nous ne nous permettrons pas même de les relier par des transitions, d'ailleurs inutiles.

— Qu'arriverait-il, mon Père, si un beau matin je venais vous dire : Père, dans huit jours vous serez en Paradis?

— Mon Révérend Père, si vous veniez me dire une chose comme cela, j'en serais si content, si content, que je serais capable d'en mourir de joie, de ne pas attendre les huit jours, et de vous faire mentir.

Malgré cela, reprit-il, à l'occasion, ne manquez pas de venir m'en donner la nouvelle.

* * *

— Bonjour, mon Père. Qu'avez-vous fait depuis hier?

— Ce que j'ai fait?... De l'ennui gros comme cela.

Et il ouvrait les bras aussi grands qu'il pouvait.

— Et avec de l'ennui gros comme cela, ajouta-t-il, j'ai fait de la patience gros comme cela.

Et il rapprochait, jusqu'au contact, les paumes de ses mains à demi fermées.

— Alors on s'est un peu impatienté?

— Oh! pas du tout.

— La patience, disait-il agréablement, est un extrait, un élixir.

— On plaisante donc toujours?

— Il le faut bien. Sans cela on serait insupportable à son pauvre prochain.

*
* *

— Il y a longtemps que je ne vous ai vu. Je viens savoir si vous avez *fait de l'ennui?*

— De l'ennui? Pas le moins du monde. J'ai fait mieux que cela.

— Vous avez souffert?

— Oui.

— Vous avez prié?

— Oui.

— Vous avez prié pour moins souffrir?

— Par exemple! Certainement non. Comment, il y a des pécheurs qui offensent Dieu tout le long du jour, qui meurent, qui se damnent et je prierais pour souffrir moins! Allons donc. Pauvres pécheurs, pauvres pécheurs, j'ai prié pour eux.

*
* *

— Comment êtes-vous aujourd'hui?

— Comment je suis!

— Oui.

— Toujours souffrant, toujours content.

— Vous ne vous ennuyez pas?

— Du tout.

— Vous souffrez beaucoup?

— Enormément.

— Pour les pécheurs?

— Oui. Comme ils sont à plaindre! Ils n'ont point en cette vie les consolations que nous avons, les seules vraies. Ils courent à leur damnation dans l'autre. Il faut bien faire quelque chose pour eux. Je fais mon petit possible. Je prie, je souffre.

— Et de bon cœur?

— Toujours.

— Et vous souffrez aussi un peu pour vous?

— Je crois bien, certes, je n'oublie pas qu'il y a un purgatoire.

***

— Ceux qui souffrent beaucoup, disait-il un jour, pour souffrir bien se jettent dans les bras de la miséricorde de Dieu. Moi, pour le moment, je ne fais pas cela.

— Que faites-vous donc?

— Je me jette dans les bras de sa justice. Je dis au bon Dieu ceci : « Mon bon Dieu, je souffre beaucoup, et vous le permettez ainsi. Vous avez raison. Je ne l'ai pas volé. Encore plus, si vous voulez, c'est justice. Doublez, vous le pouvez, et vous ne dépasserez pas par là ce que je mérite. Triplez même, j'ai de l'avance. » Je le dis très sincèrement. Et savez-vous ce qui arrive? Le bon Dieu est touché, et il n'ose plus. Voilà comment on retrouve la miséricorde et la bonté de Dieu partout, même dans sa justice.

※
※ ※

Il était couché, immobile, absorbé, mais ne dormait pas. Je m'approchai de son lit; il n'avait pas l'air de me reconnaître.

— Mon Père, lui dis-je, c'est moi.

— Bien. Que venez-vous chercher?

— Votre bulletin de santé, mon bon Père.

— Mon bulletin de santé, dit-il, en secouant sa torpeur. Ah! cela demande réflexion.

Il réfléchit un instant, puis grossissant sa voix et exagérant le ton solennel, il reprit :

« Voici : sommeil... nul; faiblesse... grande; appétit... *petit.* »

Il accompagna ce dernier mot d'un sourire et ajouta de sa voix naturelle et d'un ton gracieux :

« On n'est pas triste pour cela. Un saint triste est un triste saint. »

* *
*

Le 25 février. — La journée avait été très agitée, très douloureuse, aucune nourriture n'avait été acceptée, et la faiblesse faisait des progrès effrayants. Le P. Matignon me fit appeler, me priant de juger par moi-même s'il n'était pas prudent de songer aux derniers sacrements.

Je m'approchai du malade. Ma présence le calma et, sur sa demande, j'entendis sa confession. J'abordai la question qui m'amenait. Il la trouva prématurée. Sans doute, il voulait recevoir l'extrême-onction dans la plénitude de son intelligence, dans la plénitude de sa volonté, il tenait à ne rien perdre du fruit du sacrement et du mérite de son sacrifice; mais il ne fallait pas devancer l'heure de Dieu. J'insistai. Il m'écouta en silence. Enfin il céda. Faisant alors un retour sur lui-même :

« Mon Père, me dit-il, ce que vous

m'avez dit là, je l'ai dit à d'autres, souvent et avec facilité ; je l'entends de votre bouche avec beaucoup moins de facilité. Pauvre nature humaine ! Elle est vivante, mon Père, vivante ; et elle se soulève à la pensée de mourir. Pour la surmonter, il faut que je grimpe. Je grimpe... j'y suis !... Mais ce n'est pas sans effort. Quelle misère ! »

Il était neuf heures du soir. Le lendemain matin à quatre heures, il m'envoya dire qu'*il était converti*, et qu'il voulait me voir.

*
* *

Quand j'arrivai :

— Je suis bien fatigué, me dit-il, mais je suis prêt, il n'y a aucune raison à remettre à plus tard ce dont nous sommes convenus hier.

— Ne désirez-vous pas que quelques Pères soient présents?

— Non. Ils sont tous, chacun de son côté,

à faire leur méditation ou à dire la messe, il serait difficile de les réunir. Le P. Matignon est là avec deux frères, il représentera les autres; d'ailleurs, mon catarrhe m'empêcherait de leur parler à mon aise, vous serez mon interprète auprès d'eux.

— Avez-vous quelque chose à leur dire?

— Oui, trois choses. D'abord, par ma négligence à observer les règles, celles du silence et les autres, je les ai mal édifiés, je leur en demande pardon. Puis, par mes brusqueries, mon mauvais caractère ou autrement, j'ai pu leur faire de la peine; je ne m'en souviens plus, mais c'est possible, je leur en demande aussi pardon. Enfin, eux-mêmes, le sachant ou ne le sachant pas, ont pu aussi me mortifier, je ne sais rien de précis; quoi qu'il en soit, je leur pardonne à mon tour de tout mon cœur. Maintenant, cher et révérend Père, vous allez me donner encore une bonne absolution, puis la communion, puis l'extrême-onction.

Tout se passa, comme il le désirait, dans la paix et la piété la plus grande.

Avant de le quitter, j'allai le bénir encore, et il me remercia affectueusement.

— Vous vous trouvez mieux? lui demandai-je alors.

— De corps, me répondit-il, non; mais d'âme, oui, beaucoup, beaucoup mieux.

*
* *

Pendant toute la journée, il fut oppressé, affaissé, et ne reçut à peu près personne. Je ne me rendis auprès de lui que le soir.

— Je vous attendais avec impatience, me dit-il, dès que j'entrai.

— Mon Père, je savais votre fatigue, votre désir d'être seul avec Dieu, et j'ai retardé ma visite.

— Oui, les visites me fatiguent.

— Celle-ci sera courte.

— Au contraire, je la veux longue, car j'en ai long à vous dire. Je vais me fatiguer, mais je veux me fatiguer. Je ne veux pas fatiguer les autres : Prenez une chaise. D'abord je voulais vous remercier. Je l'ai fait une première fois, je veux le faire une seconde.

— Et de quoi donc? De la peine que je vous ai faite hier?

— Non, non; mais de votre charité pour moi; jamais je ne vous remercierai assez. Je voulais aussi vous remercier de l'immense service de ce matin. Quant à hier... savez-vous que, pour être du même avis que son supérieur, il faut quelquefois un acte héroïque?

— C'était le cas hier, n'est-ce pas?

— Je ne sais pas. Il ne m'appartient pas d'apprécier. Je laisse cela à Dieu.

— Dieu vous a fait une grande grâce, mon Père, en vous laissant vos répugnances naturelles, en vous donnant de les surmonter.

— Je crois bien! j'ai eu là, pour mon passage en Purgatoire, un fameux coup d'épaule. Ce n'était pas sans besoin, et le bon Dieu est bien bon toujours. Mais j'ai autre chose à vous dire, c'est au sujet de mon agonie.

— Au point de vue de la conscience, vous n'avez rien qui vous tourmente?

— Non.

— Ne vous tourmentez donc pas non plus du moment où Dieu vous appelera. Saint Joseph sera là, la sainte Vierge aussi. Ayons confiance, saint Joseph est si bon, la sainte Vierge si bonne! Vous avez bien confiance, n'est-ce pas?

— Depuis que j'ai reçu l'extrême-onction, voici mon état. Je m'étends bien dans mon lit, je ne bouge pas, et je dis au bon Dieu : Mon bon maître je suis ici et j'y reste; j'attends que la mort vienne m'y prendre; si elle vient, vous le lui aurez permis... cela sera très bien; mais pour peu que vous ne lui permettiez pas, n'en parlons plus, je ne demande pas mieux.

— Vous craignez donc encore un peu la mort?

— Non, je ne la crains pas, mais je ne la désire pas. Les grands saints la désiraient; il est à croire que je ne suis qu'un petit saint. A la volonté de Dieu!

— Oui, à la volonté de Dieu, dans la paix, le calme, l'abandon bien filial, sans préoccupation.

— Je ne me préoccupe pas, mais je m'occupe; je m'occupe du moment de mon agonie; il y a un détail que nous allons régler, si vous le voulez bien. Voici : je mourrai étouffé, je garderai ma connaissance jusqu'à la fin, mais je perdrai la parole un peu auparavant. Vous serez là et vous verrez les efforts que je ferai inutilement pour parler, mes lèvres se paralyseront. En ce moment-là vous parlerez au bon Dieu à ma place, je dirai intérieurement ceci : Mon Dieu, je crois et j'adore, j'aime et j'espère, et je terminerai par le *Suscipe* de saint Ignace. Je ne me servirai pas de mes lèvres, mais vous me prêterez les vôtres pour donner un corps à ma prière. Avec vous seront là le P. Lefebvre, le P. Matignon et les Frères. Si vous préférez confier au P. Lefebvre, pour une raison ou pour une autre, la petite commission de me rendre ce dernier service, je vous en remercie d'avance et lui aussi.

※
※ ※

La journée du 1ᵉʳ mars fut calme. La souffrance avait disparu, mais la faiblesse était extrême ; la respiration était devenue rapide, presque haletante.

Vers onze heures et quart du soir, le P. Matignon, qui veillait avec deux frères, m'envoya chercher. Je me levai et me rendis à la rue de la Chaise, accompagné du P. Lefebvre.

Nous nous trouvions autour du malade, le P. Matignon, le P. Lefebvre, les deux frères et moi, et nous nous demandions s'il avait encore sa connaissance. Je m'approchai et lui serrai la main :

— Mon bon Père, lui dis-je, c'est moi, vous me reconnaissez ?

Pour toute réponse, il commença immédiatement, de sa grosse voix, la récitation du *Confiteor*. Arrivé au *Mea culpa*, il s'arrêta et, d'un ton moins élevé, mais toujours à haute voix il fit sa confession. Comme il la faisait un peu longuement, je lui fis observer que, s'étant confessé presque tous les jours depuis quelque temps, il pouvait, si rien de spécial ne le tourmentait, abréger et accuser seulement, en général, les fautes de toute sa vie.

— Oui, dit-il, j'en renouvelle l'accusation.

Et il reprit, du même ton qu'au commencement, la suite du *Confiteor*.

Je lui imposai une prière pour pénitence.

— Faisons-la de suite, dit-il ensemble, avant l'absolution, ce sera plus sûr.

Nous la fîmes ; je lui donnai l'absolution et, après la formule sacramentelle, j'ajoutai :

— *Vade in pace*.

— *In pace*, me répondit-il.

Ce furent ses dernières paroles.

Après quelques instants, il essaya, mais en vain, de dire un mot : ses lèvres se paralysaient.

Le moment qu'il avait signalé avec tant de précision était arrivé; le P. Lefebvre s'approcha, fit de bouche et de cœur, en union avec lui, les actes convenus de foi et d'adoration, d'espérance et de charité, puis dit lentement la prière *Suscipe* de saint Ignace; enfin, tous les cinq nous récitâmes ensemble à genoux, au pied de son lit, les prières des agonisants.

Le cher malade ne paraissait plus ni nous comprendre ni nous entendre. Sa respiration était relativement bonne, le pouls était vigoureux. D'après toute vraisemblance cet état pouvait durer plusieurs heures encore. Cependant, un quart d'heure après, dans la paix de Dieu, il rendit le dernier soupir.

L'apôtre entrait enfin dans le lieu du repos; mais son zèle avait semé des germes qui devaient mûrir en leur temps. En preuve, il suffira de raconter le fait que voici.

Le P. Milleriot avait eu les relations les plus cordiales avec un homme que ses idées antireligieuses semblaient séparer absolument de lui. Mais M. Littré était une âme loyale; la franchise militaire du bon Père lui plaisait; il lisait avec attention ses lettres et les gardait près de son chevet; il recevait avec reconnaissance ses visites, sans lui permettre, il est vrai, d'aborder nettement la grande question.

Le jour où le P. Milleriot mourut, son supérieur, le R. P. Pitot, crut devoir transmettre à M. Littré la douloureuse nouvelle, et lui fit dire que *son vénérable ami était mort de la mort des saints, en priant pour lui.*

Voici textuellement la réponse de M. Littré; elle laissait pressentir le grand changement qui devait s'opérer en lui, sous l'influence de la grâce, au seuil de l'éternité.

« C'est vivre quelques jours de trop que de vivre pour voir mourir des hommes tels que le P. Milleriot. C'est une grande perte pour moi. Il a été pour moi d'une bonté angélique. Il m'aimait sans que rien en moi pût motiver cette affection de sa part, je ne la méritais pas; mais j'en jouissais comme d'une grâce et je lui en étais bien reconnaissant. *La grâce nous est donnée sans qu'on la mérite, vous le savez mieux que moi.*

« Remerciez beaucoup le Père Supérieur et dites-lui que la démarche qu'il fait faire aujourd'hui près de moi m'est bien douloureuse en son motif, mais qu'elle m'est aussi bien douce par l'attention qu'il me témoigne. »

Tels étaient les sentiments que la mort du saint religieux faisait naître dans le cœur de l'illustre savant. N'y a-t-il pas lieu de croire que, du haut du ciel, le P. Milleriot poursuivit son œuvre et contribua pour une large part à cette conversion qui a si étrangement irrité et déconcerté les ennemis de Dieu?

La mort du P. Milleriot fut annoncée par la lettre suivante.

« M...

« Les Pères de la Compagnie de Jésus, expulsés de leur résidence de la rue de Sèvres et dispersés, recommandent à vos prières le R. P. *Louis* MILLERIOT, décédé dans la paix du Seigneur, rue de la Chaise, n° 26, le 2 mars, à minuit et demi.

« Le service aura lieu, le vendredi 4 mars, en l'église Saint-Sulpice. »

A cette invitation répondirent avec un pieux empressement les nombreux amis du vénérable défunt; autour de son cercueil tous les rangs se trouvèrent confondus. Les obsèques du religieux proscrit donnèrent lieu à une manifestation touchante de foi, de piété, d'espérance chrétienne; et ceux qui suivaient ou qui voyaient passer l'humble convoi éprouvèrent un sentiment où la tristesse avait moins de part que la joie. Dieu appelait au repos éternel son fidèle et bon serviteur, glorifiait son Église dans la mort de ce juste, et confondait, par les hommages rendus au religieux, au Jésuite persécuté, la haine de l'impiété triomphante. *Condemnat justus mortuus vivos impios* (1).

(1) Sap. IV, 16.

TABLE DES MATIÈRES

I. — Premières années. — La famille. — Le collège Stanislas. 1
II. — L'abbé Milleriot, professeur et préfet de discipline. 9
III. — Vocation religieuse. — Premier apostolat. 27
IV. — L'apostolat des prisons. 37
V. — Le Pénitencier de Saint-Sulpice. — Industries de son zèle dans les cas désespérés. 45
VI. — Action du P. Milleriot sur les âmes. . 63
VII. — Le P. Milleriot en chaire. 71
VIII. — Traits d'éloquence populaire. 83
IX. — Un portrait du P. Milleriot prédicateur. 95
X. — Dévotion du P. Milleriot au Saint Scapulaire et à la Médaille miraculeuse. 107
XI. — Dévouement à la Sainte Église et au Pape. *Le sapeur-pompier des âmes*. . 123
XII. — La Société de Saint-François-Xavier. — La Sainte-Famille. 131
XIII. — Caractère du P. Milleriot : bonté, énergie. — La Commune. 143
XIV. — Le proscrit. — Derniers jours du P. Milleriot. 155
XV. — Une sainte mort. 163

PARIS. — E. DE SOYE ET FILS, IMPRIMEURS, 5, PLACE DU PANTHEON.

www.ingramcontent.com/pod-product-compliance
Lightning Source LLC
Chambersburg PA
CBHW060518090426
42735CB00011B/2277